dtv

Hans Scheibner ist ein Klassiker unter Deutschlands Kabarettisten. Seit vier Jahrzehnten unterhält er uns ›scheibnerweise‹. Und wenn so einer zugeben muss, dass er wohl *nie erwachsen wird*, da ist dann schon etwas dran. Immerhin weiß er jetzt, dass er nichts weiß. Oder besser, dass die Dinge anders sind, als man denkt. *Die wahren Armen sind die Reichen* – zum Beispiel. Oder: *Der Papst kann sich nicht irr'n.* Oder: *Schuldig bin ich sowieso.*

Hans Scheibner wurde am 27. August 1936 in Hamburg geboren, ist gelernter Verlagskaufmann, Journalist, Texter und Liedermacher. Bekannt wurde er u. a. durch seine satirische Fernsehsendung ›scheibnerweise‹. Er lebt in Hamburg, wenn er nicht gerade mit einer neuen Show unterwegs ist. Weitere Werke u. a.: ›Der Weihnachtsmann in Nöten‹ (1986), ›Wer zuletzt lacht, macht das Licht aus‹ (2001).

Hans Scheibner

Ich werde nie erwachsen, nie!

Wiedergefundene Gedichte

Deutscher Taschenbuch Verlag

Von Hans Scheibner
sind im Deutschen Taschenbuch Verlag erschienen:
Der Weihnachtsmann in Nöten (25036)
Wer zuletzt lacht, macht das Licht aus (20478)

Originalausgabe
September 2005
© 2005 Deutscher Taschenbuch Verlag GmbH & Co. KG,
München
www.dtv.de
Umschlagkonzept: Balk & Brumshagen
Umschlaggestaltung: Stephanie Weischer unter Verwendung
einer Illustration von Gerhard Glück
Satz: Fotosatz Reinhard Amann, Aichstetten
Gesetzt aus der Stempel Garamond 10/12
Druck und Bindung: Druckerei C. H. Beck, Nördlingen
Gedruckt auf säurefreiem, chlorfrei gebleichtem Papier
Printed in Germany · ISBN 3-423-20834-1

Inhalt

Herr S. seine niederen Triebe besiegend 9
Der Maulwurf muss weg 10
Der Papst kann sich nicht irr'n 12
Herr S. begreift die Sonne 13
Das Gras wachsen hören 14
Dienst am Fuß 15
Mathematik der Feindschaft 16
Niemand zuhause 17
Herr S. erläutert seine politische Unzulänglichkeit 18
Freundschaft 19
Der Lenz ist da 20
Herr Alfred Blohm 22
Herr S. und der schöne Schein 23
Deutschland vor! 24
Das Narrenlied 26
Die wahren Armen 28
Erwachsen werde ich nie! 29
Herr S. der Durchschnittsmensch 30
Eunomia 31
Hinweise fürs Leben 32
Die Kartoffelballade 33
Lob der Polizei 37
Herr S. und Herr Z. und die Sicherheit 38
Schildertraum 39
Schmetterlingsdings 40
Frühling, ja du bist's 41
Gedanken zur Steigerung des Lackfarbenumsatzes 42
Gesang von der wahren Größe 44
Amsel fliegt irgendwohin 46
Fußmattentherapie 47

Herr S. und die Freude am Gespräch 48
Armes Schild 49
Interview 50
Der versehentliche Herr S. 52
Das Kaninchen Archimedes 53
Besuch aus Celle 54
Annelie 55
Schuldig bin ich sowieso 56
Diese Welt, der Mensch und ich 57
Freude in Bargteheide 58
Was die Katze predigt 59
Der Mensch hat die Sprache 60
Herr S. ist oft etwas zerstreut 62
Wie Herr S. Erfolg haben könnte 63
Das Astabsägelied 64
Der unzeitgemäße Herr S. 66
Es gibt da eine Waffe 67
Herr S. und die Morgengymnastik 68
Eigentlich ja doch ganz nett 69
Rührselige Ansprache vor einem Wochenbett 70
Was der Spatz schimpft 71
Schwein zum Menschen 72
Das kleine Lied von der Mittelmäßigkeit 73
Dankgebet 76
Die Wahlkantate 77
Dankeschön für den warmen Brei 81
Bei Lofer in den Felsenhöhn 82
Herr S. und das klare Wort 83
Wenn der Hilfspolizist loslegt... 84
Unbegreiflich 86
Kleine Ballade für Elke Eyler 88
Der Trost kommt vom Radfahren 90
Fensterputzballade 91
Für Karin W. 92

Gustav 93
Fischgeheimnis 94
Der Aschenbecher 95
Gibt's wirklich 96
Verloren ist das Schlüsseli 97
Vom Streben nach Höherem 98
Vom starken Argumentieren 99
Walter 100
Herr S. fasst seine guten Vorsätze zum neuen Jahr 102
Als ich aus dem Fenster sprang 103
Macho an die verreiste Geliebte 104
Herr S. und die menschliche Begegnung 106
Die Welt noch mal wie du zu sehn 107
Frühlingsgedicht 108
Damals in kalter Nacht 109
Herr S. etwas unten 110
Träumerei 111
Susanne am Grabe 112
Die Midlife-crisis-Moritat 113
Liebeslied 117
An der Eisbahn 118
Ein bemerkenswertes Gesicht 119
An die Prophetin Jehovas 120
Das Bildnis vom Herrn Zech 121
Die Bergfee 122
Frage an den Kesselkogel (3001 m) 124
Herr S. auf Tagesklau 125
Ich möchte gern ein Igel sein 126
Katze und Maus 127
Letzte Ölung 128
Oktoberlied 130
Die Virtuosin vom Montparnasse 132
Ist Abendmahl heute! 133
Beiß doch dem Psychiater mal ein Ohr ab 134

Eigentlich	136
Herr S. und das Geheimnis	137
Im Zug	138
Herr S. und die Kirchensteuer	139
Das Lied vom höheren Wesen	140
Wenn der Mond durch die Gardine mein	142
Zwischen 6 und 7	143
Die kleine Meerjungfrau	144
Das unverwüstliche Verbot	147
Montagsgedicht	148
Herr S. über Abhöraffären	149
Der Sperling in der Hand	150
Herr S. und das saubere Sein	151
Konferenznotizen	152
Keramik	153
Lob der Arbeit	154
Herr S. und der Stress	155
Meine Kiste	156
Meine persönliche Wolke	157
Weihbischof Jaschke	158
Triolett	159
Idyll im Schlachthof	160
766667	161
Vom Sänger mit den Arbeiterliedern	162
Erinnerung an Berlin	163
Nachricht vom Nikolaus	164
Unrecht und Ehrlich	167
Herr S. warnt in einer leidenschaftlichen Ansprache vor den Gefahren des Alkohols	168
Holzbein Egon	170
Neujahrsbedenken	172
Aus dem Nachlass	174
Herr S. und der Schluss	175

Herr S. seine niederen Triebe besiegend

Herrn S. packt manchmal ein Gelüsten
nach irgendwie zwei Frauenbrüsten.
Herr Z. ergrimmt. Er sagt: ihn widern
die Strolche, die die Frau erniedern
und dass das Edlere und Hehre
nicht feil für wilde Wollust wäre.

Herr S. dies hörend, ist beschämt,
er bändigt, zügelt sich und zähmt.
Und seufzt seither mit gleicher Lust
nur noch nach *einer* Frauenbrust.

Der Maulwurf muss weg

Herr Kremer sah zum Fenster raus
aus seinem eignen Eigenhaus.
Und wohlgefällig ruht sein Blick
auf seines Rasens Musterstück.
So frisch gemäht, so ordentlich,
so grün, ach, man beschreibt es nicht!
Da plötzlich! Nein, das darf nicht sein!
»He, Klara!« Klara stürzt herein.
»Nun sieh doch mal, o Gott, o Schreck!«
Der Maulwurf, der muss weg!

Herr Kremer auf den Rasen lief
zum Maulwurfshügel. Und er rief:
»Du Kreatur! Du frecher Hund!
Du Wühler in dem Untergrund!
Du wagst es, diesen Rasen hier,
das Meisterwerk, die Gartenzier
zu schänden! Hiermit sag ich dir
zum letzten Mal: Verschwinde hier!
Komm raus, komm raus aus dem Versteck!«
Der Maulwurf, der muss weg!

Die ganze Nacht Herr Kremer stand
mit seinem Spaten in der Hand.
Wo sich was rührt im Mondenschein,
da rief er »Ha!« und stieß hinein.
»Verflucht! Wer meine Ordnung stört,
ist diese heile Welt nicht wert!«
Doch morgens – weh! Was ist geschehn?
Zwei neue Hügel muss er sehn!

»Mein Heiligtum! Mein Lebenszweck!«
Der Maulwurf, der muss weg!

Herr Kremer schwor und lief herum:
»Ich bring dich um! Ich bring dich um!«
Ließ Wasser aus dem Gartenschlauch
ins Erdreich ein, kroch auf dem Bauch.
Pumpt Auspuffgase in den Bau.
Im Töten ist Herr Kremer schlau.
Doch da! Im Morgensonnenschein:
Drei neue Hügel! »Nein! Nein! Nein!
Du Teufel, du! Verreck! Verreck!«
Der Maulwurf, der muss weg!

»Dass einer Recht und Sauberkeit
frech zu missachten sich nicht scheut!«
Herr Kremer rief: »Ich kriege ihn!«
Goss auf den Rasen das Benzin.
Die Flammen schlugen hoch hinauf.
Sogar bis zu dem Dachstuhl rauf.
Das ganze Haus ist abgebrannt.
Herr Kremer in der Asche stand,
er tanzte wie ein Ziegenböck:
Der Maulwurf, der ist weg!
Der Maulwurf, der ist weg!!

Der Papst kann sich nicht irr'n

Himmel, Arsch und Zwirn:
Der Papst kann sich nicht irr'n.

Bedenkt: wie schlimm ist einer dran,
der sich nicht irren können kann!

Es irrt der Mensch, es irrt das Pfird
(das Pferd, weil auch ein Setzer irrt).

Es irrt nur der Computer nicht?
Ein Irrtum! Oft vertut er sich!

Nur, Himmel, Arsch und Zwirn:
Der Papst kann sich nicht irr'n.

Er hat vielleicht nur eins im Hirn:
Ich armer Papst möcht einmal irr'n.

Doch wie er sich auch irrend müht,
er irrt, wenn er sich irren sieht,

irrt also, irr, er irre, nicht!
Es irrt der Wirt, es irrt das Licht

(das Irrlicht, und zwar nachts umher)
und jeder Irre irret sehr,

der sich im Irrtum, dass er irrt,
nicht irr zu sein, verwirr-verwirrt.

Nur, Himmel, Arsch und Zwirn:
Der Papst kann sich nicht irr'n.

Herr S. begreift die Sonne

In seinem Wissensdurst tat sich Herr S. versteifen
auf den Versuch, die Sonne zu begreifen.

Unter Hintansetzung diverser Heilsideen
und überhaupt: schwänzt er das Weltgeschehen,

greift sich den ersten besten Morgensonnenschein,
schließt sich im finstern Heizungskeller ein,

um dort geschlossenen Augs ein Buch zu wälzen:
Die Massedifferenz beim Wasserstoffverschmelzen.

Rückkehrend strahlt er vor Erkenntnisglanz:
»Ja!«, ruft er, »ich begreife – ich begreife noch nicht ganz!«

Das Gras wachsen hören

Ich singe heute über nichts.
Nichts singe ich über das Singen.
Das Zerbrechliche in den gröberen Dingen:
vom Hindenken zerbricht's.

Seit ich bei jenem Herrn saß,
der durch sein Fernglas sein Fernglas
suchte, und zwar vergeblich,
misstrau ich Ferngläsern erheblich.

Man müsste sagen, was man sagt,
wenn man's verschweigt.
Der Aufschub, denk ich, wird zuletzt vertagt.
Dann zeigt sich erst, ob, dass sich nichts zeigt, zeigt.

Ich sang heut – über was?
Es macht beim Wachsen ein Geräusch, das Gras.
Ich glaube manchmal schon, dass ich es deutlich höre.
Wenn nur das Hören selbst nicht so geräuschvoll wäre.

Dienst am Fuß

Parkplätze sind ja heute so knapp.
Auch Immelmann kriegt meistens
keinen mehr ab.
(Immelmann: Mit Takt und Schwung
die richtig schöne Beerdigung.
Oder: Im Sarg von Immelmann
kommst du bequem im Himmel an.)
Parkt also seinen Beerdigungswagen
außer an Sonn- und Feiertagen
Dr. Sauter zum Verdruss
direkt vor dem Laden »Dienst am Fuß«.

Und Dr. Sauter argumentiert,
dass er die fußkranken Kunden verliert.
weil dieser Leichen-, dieser Sargtransport
vorm Laden, da müssten die Leute sofort
automatisch draus schließen:
das also wäre der Dienst an Füßen.

Immelmann aber sagt: Töricht von Ihnen,
Herr Dr., dem menschlichen Fuße zu dienen.
Ich diene dem Menschen! Und keinem von diesen
schmerzt es, soweit mir bekannt, an den Füßen.

Mathematik der Feindschaft

Ich hatte einmal einen Feind,
der hasste mich Tag und Nacht,
der hätte mich – was mir auch logisch erscheint –
von Herzen gern umgebracht.

Dann aber bekam ich noch einen Feind.
Und ich dachte: Zwei Feinde, na ja.
Doch was ich dabei übersah:
dass mein erster Feind mit dem zweiten Feind
schon zehn Jahre verfeindet war.

Das merkte ich erst, als mein erster Feind
mich anrief: »Grüß Gott und blabla,
der Dings, wie mir scheint, ist dein Feind, mein Freund,
ein gemeinsamer Feind, der vereint, mein Freund,
küss die Hand, tatatü tatata.«

Sogleich erschien mir mein zweiter Feind
nicht mehr ganz so schlimm, wie er war.
Denn ich dachte: Ein Feind, der es feindlich meint,
der kann doch nicht sein meines Feindes Feind!
Ja, ich sah überhaupt nicht mehr klar.

Denn ich hatte zwei feindliche Freunde zum Feind.
Ein Gedanke, so traurig, so schön.
Und ich hab mich betrunken, gelacht und geweint:
Feiner Freund, lieber Feind! O du feindlicher Freund!

Ach, niemals wird, wer mit *einem* Feind,
was Feindschaft ist, zu begreifen meint,
das Geheimnis der *Freundschaft* verstehn!

Niemand zuhause

Guten Tag!
Hier spricht der liebe Gott.
Der Anschluss ist zurzeit
leider nicht besetzt.
Weinen Sie bitte nach dem Signalton
direkt auf das Band.
Bitte, weinen Sie – jetzt:
Düüüüüüüüt!

Herr S. erläutert seine politische Unzulänglichkeit

In Politik mich einzumischen
bin ich mindestens viel zu dumm.
Statt Krieg lieb ich Frieden
und sonst nichts dazwischen,
weiß aber kein bisschen zu sagen, warum.

Ich scheitre ja schon an so harmlosen Fragen
wie: Krieg gegen Krieg, ist das auch Krieg?
Und gar:
Wenn Sterben zum Weinen ist, darf man dann sagen,
dass Feinde auch sterben – und Feinde beklagen?
Da steht man als Laie ganz fragwürdig da.

Man versteht ja zu wenig von höheren Werten.
Wen ich totschlagen muss, woher weiß denn das ich?
Wenn ich selbst einen aussuch, bestimmt den Verkehrten.
Ich denke da manchmal zum Beispiel an mich.

Freundschaft

Es ist schon wieder was Neues passiert.
Da hat sich die pfälzische Eisen und Stahl
mit dem südgelsenkirchener Farbkapital
auf Tauschaktien fusioniert.

»Obwohl die Geschäfte hervorragend liefen«,
heißt es in der offiziellen Begründung,
»konnte die kapitalmäßige Bindung
die Freundschaft der Firmen vertiefen.«

Das finde ich so schön! Dass sich in diesen schiefen
Zeitläuften immer wieder mal
durch Liebe oder Kapital
Freundschaften vertiefen.

Der Lenz ist da

Es steht ein Bäumchen am Kanal
und tut dort was? Es knospet.
Und rund umher das Altmetall,
das Altmetall, es rostet.

Die große Großstadtwäscherei
bemüht sich chemikalisch,
lässt gelblich-grüne Dämpfe frei.
Die stinken infernalisch.

Die Brühe im Kanal sogar
möcht festlich sich bekränzen:
steckt einen Ölfleck sich ins Haar,
recht frühlinglich zu glänzen.

Die Gänseblümchen fangen an,
sich ängstlich umzusehen.
Der Nachbar wirft den Mäher an.
Ha! er darf wieder mähen.

Tiefflieger schwärmen wieder aus
gleich Riesenschmetterlingen.
Die Scheiben in dem Dorfgasthaus
vor Frühlingslust zerspringen.

Der See, vom Winterschlaf erwacht,
fühlt neues Leben blühen:
Der Außenborder stinkt und kracht.
Die Auspuffwölkchen ziehen.

Und die Granaten hinterm Moor,
wo sie den Krieg probieren –
so kommt's dem Mondhornkäfer vor –
vor Freude explodieren.

Der Schreber geht mit Macht ans Werk.
Prüft seine Schädlingsspritze
und schrubbt verliebt dem Gartenzwerg
die Stiefel und die Mütze.

's ist Lenz! 's ist Lenz! 's ist Frühling, traun!
Die Luft ist dick von Dünsten.
Sirenen heulen, Hämmer haun
und kurzum: du empfindst'n.

Herr Alfred Blohm

Und eines Tags Herr Alfred Blohm,
da war er vierundfünfzig schon
(zwei Kriege, Garten, Frau und Sohn),
als er im Zug auf Reisen war,
im Schnellzug Bonn–Köln–Altona,
es überkam ihn einfach da,
dass er die Nothandbremse sah
und dass ihr Anblick ihn bewog,
dass er sie zog.

Gekreisch von Frauen. Sturzgepäck!
Ein Schnellzug hält auf freier Streck'.
Tumult! Was hier... Von wem... Wer sich
erlaubt...? Herr Blohm, sehr ruhig: Ich.
Und steht, ein Mann, nicht wankend, da
im Schnellzug Bonn–Köln–Altona.
Wieso? Was ihn...? Warum er zog?!
»Weil's mich bewog.«

Und manchmal nachts Herr Alfred Blohm,
er ist jetzt vierundsechzig schon
(zwei Kriege, Witwer, bald Pension),
Herr Alfred Blohm lacht still für sich
und steht im Bett auf und sagt:
Ich.

Herr S. und der schöne Schein

Auf seinem Teppich und auf allen vieren
sitzt ein Herr S. inmitten von Papieren.
Geburtserklärung, Kündigung,
Entlassungsschein, Entmündigung,
Bei-, Über-, Rücktritts-, Aus- und Ein-,
Zu-, Unter-, Überlassungsschein
sowie diversen inhaltsstarken
grünrot bedruckten Beitragsmarken
und murmelt bei sich: Immerhin,
dies alles hier beweist, ich bin.

Ja, oft in solchen Augenblicken,
statt sich der Welt schnöd zu entrücken,
greift er zu irgendeinem Schein
und stellt erleichtert fest, zu sein.

Deutschland vor!

Hätt die Doppelspitze mehr zurückgehangen
und die Außen wären gleich nach vorn gegangen,
von den Flügeln her die Pässe abzufangen,
hätt der gegnerische Libero
nie das Mittelfeld von hinten überwunden
und im ganzen Spiel keinen freien Raum gefunden.
Aber so?!

Wär die Hintermannschaft aus der Defensive
mehr nach vorn gestoßen aus des Raumes Tiefe,
hätt man sehen können, dass das Zuspiel liefe,
und die Flanken kämen hoch herein.
Weil der Ball – was soll das Hin- und Hergeschiebe! –
dann zumindest in den eignen Reihen bliebe!
Aber nein!

Und der Angriff, statt sich innen festzubeißen,
muss den Doppelstopper mit nach vorne schmeißen,
um den gegnerischen Riegel aufzureißen,
und den Torwart hat kein Mensch gedeckt.
Dabei gab er hinten sich die größte Blöße!
Dadurch kamen dann ja auch die Konterstöße
indirekt!

Dem Halblinken hätt ich erst mal alle Knochen
und das Schlüsselbein noch obendrein gebrochen
und dann hätten wir in Ruhe mal besprochen:
OB DAS WIRKLICH EIN ELFMETER WAR!!
Solchen Leuten soll man in die Fresse schreiben:
Fußballspieler sollen faire Sportler bleiben!
Aber ja!

Aber so ist diese Mannschaft nicht imstande,
die Verpflichtung, die sie schließlich unsrem Lande
schuldet, zu erfüllen. Es ist eine Schande.
Und schon wieder ballert der da übers Tor!
Fußball muss man als ein schönes Spiel genießen!
Guck dir den an! Flasche! Aufhängen und erschießen!
Deutschland vor!

Das Narrenlied

Wer wagt es, dem König die Wahrheit zu sagen?
Der Narr soll es wagen.
Der König lässt jedem den Kopf abschlagen.
Das kann am besten der Narr vertragen.
Hoppla.

Sitzt der König fest auf dem Thron,
nirgends in Sicht eine Revolution,
spricht er zum Narren: »Nun lästere, mein Sohn!
Die Wahrheit, die bittere, vertragen wir schon!«

»Der König muss sterben!«, spricht der Narr.
Und der König, der lacht: »Wie wahr! Wie wahr!
Und wie nahe liegt bei der Narrheit
die Wahrheit!«

Wer wagt es, dem König die Wahrheit zu sagen?
Der Narr soll es wagen.

Aber jetzt kommen andere Zeiten.
Hört ihr die Glocken des Aufruhrs läuten?
Das Schloss ist umstellt. Da kommen sie schon,
die frechen Anführer der Revolution.
Der König sagt zum Narren: »Nun sprich!
Aber die Wahrheit, befehle ich!«

»Der König muss sterben!«, sagt der Narr.
»Kopf ab!«, ruft der König. »Da hört ihr es ja!«
So nahe liegt bei der Narrheit
die Wahrheit.

Ja, so war es in früherer, finsterer Zeit.
Aber ach wie so menschlich haben wir's heut!

Einen König? Einen König, den gibt es nicht mehr.
Die Wahrheit zu sagen, fällt niemandem schwer.
Nur sollte die Wahrheit im Ganzen und Großen
womöglich nicht gegen die Kirche verstoßen.
Auch soll man es so mit der Wahrheit halten:
Sie muss auch gefallen den Sendeanstalten!
Völlig frei ist die Wahrheit im Kabarett.
Nur nicht vor den Wahlen. Da mögen wir's net!
Scharf sei die Wahrheit und blank wie ein Messer.
Nur nicht gegen den Papst, denn der kennt sie besser.
Es leuchte die Flamme der Wahrheit noch heller.
Am besten im ganz kleinen Kabarettkeller.

Und eins, lieber Narr, das müssen wir sagen:
Du sollst es nicht live auf dem Sender wagen,
sonst muss – wie der König in früheren Tagen –
der Redakteur dir den Kopf abschlagen.

Die wahren Armen

Wer viel besitzt, dem darf man nichts wegnehmen,
er steht dafür, dass Leistung sich auch lohnt.
Wenn Geld gebraucht wird, holt man es von denen,
die kaum was haben, sie sind das gewohnt.

Wer keine Arbeit hat, der muss auch nicht viel essen.
Er ruht sich sowieso nur meistens aus.
Nur wer im Wohlstand lebt, hat höhere Interessen:
enorme Kosten macht ja so ein großes Haus.

Du glaubst ja gar nicht: eine Yacht im Hafen
wie viele Liegeplatzgebühr man zahlt dafür.
Wer keine Yacht hat, kann auch ruhig schlafen,
er zahlt ja keine Liegeplatzgebühr!

Das Armsein hat so viele gute Seiten:
weil einem praktisch nichts passieren kann.
Dem Reichen aber drohn Verlust, Konkurs und Pleiten:
in Wahrheit ist der Reiche doch der arme Mann.

Wer arbeitslos ist, sagt, er fühlt sich schutzlos.
Drum schützt man ihn, wenn man von ihm kassiert.
Dann fühlt der Arbeitslose: Ich bin nicht mehr nutzlos:
Mein Opfer ist's, das Deutschland reformiert.

Erwachsen werde ich nie!

Als Junge hab ich mir geschworen:
Ich werde nie erwachsen, nie!
Man darf nicht mehr in der Nase bohren,
man muss sich mit Hausmeistern oder Doktoren
unterhalten, als wär man genauso wie sie.

Erwachsene werden zu Aufsichtsräten,
zu Vereinsvorsitzenden! Himmel, nein!
Sie müssen Toiletten-Artikel vertreten
und fordern, den Rasen nicht mehr zu betreten.
Ich möchte lieber tot als erwachsen sein.

Erwachsene werden zu Kontrolleuren:
»Kontrolle! Zeigen Sie den Fahrschein her!«
Als wenn sie nie selbst schwarz gefahren wären.
Da spiel ich doch lieber mit Teddybären.
Ich werd nicht erwachsen. Bitte nein, bitte sehr!

Erwachsene gründen andauernd Parteien
und stecken sich bunte Abzeichen an.
Sie marschieren umher in geschlossenen Reihen.
Man hört sie »Marsch, Marsch!« und dergleichen schreien,
so dass man sich einfach nur schämen kann.

Als Junge hab ich's mir geschworen:
Ich will nicht erwachsen werden wie die!
Vor siebzig Jahren ward ich geboren,
habe ungeheuer viel Zeit verloren.
Doch jetzt weiß ich's: Erwachsen werde ich nie!

Herr S. der Durchschnittsmensch

Herr S. bezeichnet sich mit Entsch-
iedenheit als *Durchschnittsmensch*.

Herr Z. sagt aber unerbittlich:
Mitnichten, S., bist du *durchschnittlich!*

Denn wer, von allen wetterwend'schen
rein durchschnittlichen *Durchschnittsmenschen*,

wer sieht wie du, mein Freund, schon ein,
ein *durchschnittlicher* Mensch zu sein?

Herrn S. gefällt dies Argument
so sehr, dass er es anerkennt.

Er nennt seither mit noch mehr Entsch-
iedenheit sich: *Durchschnittsmensch!*

Eunomia

Die merkwürdige Alte im Magazin,
die die Pinsel und Putzlappen verwaltet,
ist eine von jenen stämmigen Fraun,
an denen üppig und kühn
sich meine Phantasie entfaltet.
Mit ihren furchterregenden Augenbraun,
ihrem schrecklich dröhnenden Kellerbass
und den Kronleuchtern an den gewaltigen Ohren,
denk ich mir dieses fleischerne Fass
als griechische Göttin, Mitglied der Horen,
wie sie auf einem Staubsauger reitet
und donnernd über die Welten braust,
wobei sie mit ihrer behaarten Faust
die irdischen Geschicke leitet,
hier mal einschreitet und da mal einschreitet
und im Ganzen gerecht, aber grausam haust.

Und wenn mir dies Walross entgegenstampft
auf dem Flur wie ein tosendes Wetter,
dann verneig ich mich tief und begrüße es sanft,
denn ich ehre und fürchte die Götter.

Hinweise fürs Leben

Johannes, unerfahrner Knabe du,
komm her und hör jetzt deinem Onkel zu,
der dir fürs Leben, weil er dich doch liebt,
den einen oder andern Hinweis gibt:

Wenn du ins hohe Himmelblau aufschaust,
weil droben etwas brummt und dröhnt und braust,
zwei Düsen hat, ein Himmelsriesending:
Dann merke dir: Das ist ein Schmetterling.

Wenn du 'ne heisre Stimme hörst, die spricht:
Es geht! Es muss gehn! Und soo geht es nicht!!
Schwer ist die Pflicht und unerhört der Fall:
Dann merke dir: Das ist die Nachtigall.

Wenn in der kalten Zelle du erwachst
und dich verwundert fragst, was du hier machst,
weil's dir im Schädel scheußlich pfeift und kracht –
Dann merke dir: Das ist die Maiennacht.

Wenn dich ein Mensch in Uniform anschreit:
Sie Risiko für unsre Sicherheit!
Sie woll'n nicht unterschreiben? Gute Nacht!!
Dann merke dir: Das ist die Liebesmacht.

Die schönen Verse, die der Dichter macht,
sind voll von -ling und -macht und -gall
und -nacht.
Und es ist gut, Johannes, dass du lernst beizeiten
die schönen Worte – und was sie bedeuten.

Die Kartoffelballade

Sie ein Kind aus gutem Hause,
er ein Künstler und Genie:
insgesamt im dritten Jahre
lebten auf dem Lande sie.

Denn sie hatten sich gefunden,
und zwar nicht in Liebe nur,
sondern auch im gleichen Geiste
für Gesundheit und Natur.

Anke! hatte er gerufen,
lass den Giften uns entfliehn
und Gemüse und Kartoffeln
auf dem Lande selbst aufziehn.

Fluch dem Kali und Salpeter,
Schädlingsmitteln der Chemie!
Fluch der dekadenten Menschheit!
Liebste, komm, wir retten sie!

Und sie liebten sich und düngten
nur mit echtem Schweinemist.
Wodurch gleich der Sinn des Lebens
wieder ein ganz andrer ist.

Ja, sogar im dritten Fernsehn
waren barfuß sie zu sehn –
als zwei Kinder dieser Erde,
die voran als Beispiel gehn.

Hundert Jahr und älter werden
hätten können diese zwei.
Aber nicht nur das Gemüse
ist heut nicht mehr einwandfrei.

Sondern auch die Ideale
scheinen es nicht mehr zu sein!
Was nützt eine reine Gurke,
ist des Mannes Herz nicht rein?

Eckart – ja, das ist der Name,
welchen der Verräter hat.
Dienstags fuhr er mit Kartoffeln
und auch freitags in die Stadt.

Dort auf einem Wochenmarkte
schreibt er auf sein Transparent:
»Biologische Kartoffeln,
wie der Mensch sie kaum noch kennt!«

Das Geschäft lief gar nicht übel.
Die moderne Hausfrau weiß:
Länger und gesund zu leben,
kostet eben seinen Preis!

Kundinnen zu Eckart kamen,
umweltschutzbewusste, hin,
intellektuelle Damen –
und auch eine Lehrerin.

Diese brauchte die Kartoffeln
aber nur für'n Unterricht.
Eine Kämpferin für alles
Ungespritzte war sie nicht.

Und mit dieser ... ach, ihr ahnt schon,
die Tragödie spitzt sich zu!
Auf dem Lande völlig keimfrei
hütet Anke Schwein und Kuh.

Aber nicht, dass sie sich liebten,
der Kartoffelbauer und
seine Kundin, war das Schlimme:
tiefer noch ist der Abgrund!

Eckart machte ihr Geschenke
und er lud auch – wie gemein –
die verwöhnte Pädagogin
zu Pommes frites mit Mayo ein!

Um die Orgien zu bezahlen,
Eckart, was hast du getan!
Kauftest – nein, es ist zu schändlich! –
kauftest beim Gemüsemann

phosphorhaltig kunstgedüngte
Frühkartoffeln, Schurkerei!
Die verkauft er als dynamisch-
biologisch einwandfrei!

Mensch, o Mensch! Hier unterbrech ich
mit Erschütterung mein Lied!
Siegt denn nie mehr die Gesundheit?
Nur die Geldgier und der Trieb?

Wenn nicht mal ein Selbstversorger
durch Bewusstsein ist gefeit –
wie soll dann die Menschheit enden?
Mir ist angst! Du liebe Zeit!

Und das Ende der Geschichte?
Anke eilte in die Stadt.
(Ein gesunder Frauenkörper
immer eine Ahnung hat.)

Auf dem Markt sieht ihren Mann sie
unerkannt aus dem Gewühl.
Sieht auch gleich an den Kartoffeln:
Weh, er spielt ein falsches Spiel!

Schließlich reißt sie auf die Türe
unterm Dach. Die Lehrerin
gab sich grad mit dem Verräter
neuen Perversionen hin:

Er und seine Großstadtblüte
(Anke wurde weiß wie Gips)
fraßen aus der Kunststofftüte –
es ist wahr: Kartoffel-Chips!

Anke wollt sie erst erstechen.
Doch sie überlegt es sich.
Und man hört sie leise sprechen:
Eckart, ich verachte dich.

Nicht um unsre süße Lieb nur
ist mein Herz zu Tode wund,
nein, was du getan, ist schlimmer:
Eckart! Es ist ungesund!!

Lob der Polizei

Einer, der war seinem Kaiser treu.
Und das war dann leider grad verkehrt.
Und da kam die Polizei herbei,
und die fragte gar nicht lange, was das sei,
sondern schlug ihn tot. Wie sich's gehört.

Aber einer, der war richtig Kommunist
und das war natürlich grade grad nicht gut.
Und da kam per Polizei ein Polizist
und der fragte nicht erst lange, was das ist,
sondern schoss ihn tot. Wie man das tut.

Aber einer, der war 'n echter Atheist.
Und das war natürlich grade grad nicht dran.
Und da kam natürlich gleich – ganz recht: ihr wisst –
und die fragten weder lange noch mit List,
sondern steckten ihn – na, was wohl? – an.

Aber einer, der war 'n guter Katholik,
und das war natürlich grade grad vorbei.
Und da kam – ihr wisst schon: mit dem graden Blick.
Und die hielten nicht sehr viel von Glas und Glück,
sondern brachen ihn entzwei. Sie war'n so frei.

Wie gefahrvoll doch das Leben ist.
Wenn man grad versäumt, ob grade grade sei.
Ob als Atheist, als Kommunist, als Christ,
weiß man meistens nicht genau, woran man ist.
Sondern das weiß immer nur allein – die Polizei.

Herr S. und Herr Z. und die Sicherheit

Herr S. liegt mit Herrn Z. im Streit.
Herr Z. verlangt nach Sicherheit.
Herrn S. erscheint nichts lächerlicher
als Sicherheit. Was ist schon sicher?

Herr Z. jedoch, mit Kraft und Schwung,
versichert, dass Versicherung
vor Schaden jedem jederzeit
sichtbar mehr Sicherheit verleiht.

Aha, beginnt Herr S. zu kichern:
Dass Schaden kommt, kann man versichern?
Nicht *dass*, entgegnet Z. Nur *wenn:*
zu sichern den Versicherten.

So wäre also Sicherheit:
dass man unsicherheitsbereit
nie sicher ist, wann und wie weit
Sich-Sichern Sicherheit verleiht?

So streiten sie die ganze Zeit.
Herr Z. verlangt nach Sicherheit.
Herrn S. erscheint nichts lächerlicher.
Ob sie je enden, ist nicht sicher.

Schildertraum

Fahrrädern ohne Befugnis
ist das Ankleben von Kindern in Treppenhäusern
im Winterhalbjahr untersagt.

Parkende Hunde, die während
des Aufenthalts auf den Toiletten
den Bürgersteig rauchend betreten,
werden verklagt.

Haltet die grünen Papierkörbe sauber
von großen Banknoten.
Polizisten füttern verboten!

Minderjährige Bahnsteige
werden zum Zurücktreten auf das Begleitpersonal
bei Zuwiderhandlung gebeten.

Hausierer und andere
schwerkriegsbeschädigte Fluggegenstände
haben den Rasen in sämtlichen Stockwerken
nicht zu betreten.

Ehret die Hauseigentümer
mit wändeverzierenden Zoten.

Polizisten füttern verboten!

Schmetterlingsdings

Also ich stehe
vor dem Laden »Zierfische Zoo«,
wo ich einen Schmetterling sehe.
Innen. An der Scheibe. Ich denke noch: Oh!,
dass die auch Schmetterlinge führen.
Aber da fällt mir ein: Der wird wohl zu Fischen und
    Papagein
und Meerschweinchen und Nagetieren
durch eigenen Irrtum geraten sein
und ist wahrscheinlich gar nicht zu verkaufen.

Ob er das aber weiß?
Und ob die anderen Tiere es ihm glauben?
Denn hier hat schließlich jedes seinen Preis
und selber Grund genug, wegzulaufen.

Denn als was man sich fühlt,
war schon immer ganz uninteressant.
Welchen Preis dein Verkäufer für dich erzielt,
beschreibt deinen Freiheitszustand.

Das finde ich aber sehr schön von mir,
dass ich über so ein kleines Tier
so große Gedanken verschütte.
Am liebsten ginge ich jetzt durch die Zooladentür
und sagte: »Einen Schmetterling, bitte.«

Frühling, ja du bist's

Nicht nur Glöckchen blühn in dir, o Mai.
Auch Gedanken tragen manche Blüte.
Und das Herz schwillt an von Herzensgüte –
atme, kranke Seele, atme frei.
Winter, Eis und Schnee sind nun vorbei.
Tulpen stehn, wo lange gar nichts stand,
Knospen springen,
Jauchzen, Singen,
Frühling, Frühlingstaumel überall im Land.

Sollte ich vielleicht als letzter
Mensch mich ärgern wie ein Hund?
Dazu hätt ich grade Grund!
Glückspilz ich! Mein Vorgesetzter
stieg auf meinen Vorschlag heute
vor mir auf die Fensterbank,
blickte erst noch etwas bang
fünfzehn Stockwerk in die Tiefe,
doch dann: dass die Pflicht ihn riefe,
schrie der gute Mann – und sprang.

Habe zwar nicht nachgesehen,
was er noch dort unten tat –
und man soll mich recht verstehen:
es ist um den Menschen schad'.

Atme, kranke Seele, atme frei.
Süße Träume blühn in dir, o Mai.

Gedanken zur Steigerung des Lackfarbenumsatzes

Ich sitze hier mit Kummer und Entsagung
auf einer gar nicht unwichtigen Tagung
und sehe mir, so ernsthaft ich kann,
einen Mann mit Brille an,
der tiefbewegt von neuen Wegen spricht.

Dabei denkt er aber nicht
an Maiglöckchen, die neben denselben stehn,
an dunkle, verschwiegene Parkalleen,
die durch des Frühlings kaum erwachtes Grün
gedankenvoll bis an den Himmel ziehn –

er meint es im übertragenen Sinne,
er denkt an Geschäfte und größere Gewinne,
er möchte irgendwas weiter beleben
und den Umsatz heben.

Im Kaukasus, das weiß ich ganz genau,
da stehen Berge, die in des Himmels Blau
sich wie verwunsch'ne Riesen –
wundersam erheben.
Die siehst du manchmal, meistens mittags, leise beben
und hörst sie murmeln etwas, das man nicht versteht –

nur, dass es um geheimnisvolle Dinge geht,
ahnst du – denn traurig, dumpf und schwer
klingt es nach Worten wie: das Meer! das Meer!
Und du vernimmst: Millionen Jahre müssen noch
    verstreichen,
eh uns als der Erlösung heißersehntes Zeichen ...

Ich sage, dass mehr, meine Damen und Herren, dass mehr –
Und was spricht dagegen, bitte sehr? –
dass Millionen Menschen unsere Farbe verstreichen
und sich ihnen unser Markenzeichen,
meine Damen und Herren ...

Hier sitze ich mit Kummer und Entsagung
auf einer gar nicht unwichtigen Tagung
und höre mir, so ernsthaft ich kann,
einen Mann mit Brille an,
der tiefbewegt von neuen Wegen spricht ...

Gesang von der wahren Größe

Seid mir gegrüßet da unten, ihr Kleinkriminellen,
ihr Supermarktdiebe und Blaumacher, seid mir gegrüßt.
Du, der's schon zweimal geschafft hat, die Zeche zu prellen.
Und du, die schon dreimal schwarz mit der S-Bahn
   gefahren ist.

Ihr Geschäftsessen-Urkundenfälscher da unten, die Steuer
bescheißt ihr doch höchstens um zweihundert Euro im Jahr.
Ihr habt mal Tomaten geklaut auf dem Markt und Bananen
   und Eier.
Und *er* hier kriegt Stütze und arbeitet schwarz auf dem Bau,
   das ist wahr!

Na und? Wie sagt schon der große Bert Brecht zu euch
   allen?
Ihr Huren und Ganoven, ihr möget euch noch so schinden:
Was ist schon das Verbrechen, eine Bank zu überfallen,
gegen das Verbrechen, eine Bank zu gründen.

Habgierig seid ihr zwar, Leute, und bei der Betrachtung
von Geldscheinen habt ihr natürlich ein unheimlich geiles
   Gefühl.
Doch leider: es fehlt euch die tiefere Menschenverachtung,
ihr seid viel zu brav für das große Verbrechen, im ganz
   großen Stil.

Ihr träumt zwar davon und möchtet so gern euch erheben
zu den großen Ganoven und kaltblütig gehen über Leichen,
damit sie wie andern Verbrechern das Bundesverdienstkreuz
　euch geben,
nein, ihr bleibt kleine Gauner und werdet den
　Vorstandsvorsitzenden niemals erreichen:

Du, Spitzbube, magst dich kaum unter die Menschheit mehr
　trauen?
Du bist mit der Kasse deiner Firma weggelaufen?
Ach, was ist schon das Verbrechen, die Firmenkasse zu
　klauen,
gegen das Verbrechen, den ganzen Konzern zu verkaufen!

Amsel fliegt irgendwohin

Es hat eine Amsel gebadet.
In einer Pfütze. Beim Notausgang.
Hat niemandem genützt. Hat niemandem geschadet.
Ungefähr dreieinhalb Minuten lang.

Muss man aber im Zusammenhang sehen.
In Zeiten hochdramatischer
Währungsverhandlungen ist dies geschehen.
So, als wenn gar nichts geschehen wär.

Piept. Hebt den Kopf. Macht den Schnabel lang.
Schüttelt sich. Alles ohne tieferen Sinn.
Hat ausgebadet am Notausgang.
Schlussbild: Amsel fliegt irgendwohin.

Fußmattentherapie

In der listigen Absicht, dich aufzuhetzen
gegen dich selbst, empfehle ich dir:
Musst dich mal auf die Fußmatte setzen
vor deiner eigenen Wohnungstür.

Nachts nach Haus kommen, aber nicht reingehn.
Zuerst erlischt dann das Treppenhauslicht.
Im Dunkeln sitzend, wirst du plötzlich einsehn –
oder vielleicht auch nicht.

Ich habe auf die Art mal eingesehen,
dass ich ein dummes Schwein bin.
Ich meine: das könntest du doch auch einsehen,
so ganz prinzipiell und gemeinhin.

Man fühlt sich so aufregend lächerlich,
so entrechtet auf seiner Fußmatte.
Und je länger man sitzen bleibt, fragt man sich,
ob man überhaupt eine Wohnung hatte?

Man zweifelt entschieden an seinem Recht,
im Kegelclub-Vorstand Beisitzer zu sein,
man fühlt sich als Fußmattendreck, ganz schlecht!
Ohne Anspruch auf Urlaub und Führerschein.

Das Treppenhaus knackt. Hinter jeder Tür
sind Geräusche. Das lebt halt so weiter.
Und ahnt nichts und merkt nichts. Und du, du sitzt hier:
auf der Fußmatte! Du! Als Abteilungsleiter!!

Herr S. und die Freude am Gespräch

Herr S. hört staunend jeden an,
der viel und lange reden kann.

Herr Z. jedoch sagt, dass sich Geist
stets knapp und konzentriert erweist.

Herr S. hat aber sein Vergnügen
ganz einfach nur, wenn Worte fliegen
und wenn auf ein verträumtes »Wie?«
gleich eine Wort-Epidemie
zurückkommt. Wo, durch welche Kunst
gewinnt man ähnlich viel umsonst?
Und wie kann man mehr Freude machen
als durch ein Nicken, kurzes Lachen,
ein »Hm«, »So, so«, ein leichtes »Ei«?
Und dann, zum Schluss der Rederei,
der man kein bisschen zugehört,
sagt man halb freudig, halb empört:
»Ich pflichte Ihnen völlig bei.«

Herr S. gilt weithin als ein Mann,
der wirklich noch zuhören kann.

Armes Schild

Ein Schild hing an der Wand,
auf dem geschrieben stand:

Schilder anbringen verboten.

Interview

Ein Herr Minister wird interviewt.
Diese Klarheit der Aussage find ich so gut.

Wir haben eine Frage, Herr Minister:
Sind Krieg und Frieden Geschwister?

Eine sehr kluge Frage. Man sollte ja meinen,
die beiden lassen sich gar nicht vereinen
und unsere Fraktion hat von jeher betont,
dass sich einerseits weder ein Frieden lohnt
ohne andererseits auch den Krieg abzulehnen,
weil durch die Beziehungen, die sie erwähnen,
die volle umfassende Komplexität
und Vielschichtigkeit dieses Themas entsteht.

Sie haben sich also zu der Meinung bekannt:
Der Frieden, er ist mit dem Krieg sehr verwandt?

Sie müssen das so sehen: Es wäre verfrüht,
nach allem, was Innen und Außen geschieht,
das Kriegesgeschrei der Opposition
zu erwähnen und über der Diskussion
nach friedlicher Koexistenz zu vergessen
zu fragen: Wer ist hier der Bruder – und wessen?

Der Frieden, so meinen Sie also, das Luder,
ist im Grunde doch nur des Krieges Bruder?

Präzise geantwortet: Ja. Und auch Nein!
Man kann in der Tat für den Krieg nicht sein,
ohne den Frieden in Äquivalenz
der historisch bedingten Situation
zu bekriegen, wenngleich vor der Impotenz,
der politischen, unserer Opposition
auch die friedlichsten Krieger des Friedens ermüden,
wozu ich nur sagen kann: Ruhet in Frieden.

*Ja, aber die Frage – die Zeit ist gleich um –
bitte sagen Sie doch unserem Publikum...*

Also gut. Ich möchte nur soviel sagen:
Man könnte ja, rein hypothetisch, fragen:
Sind Krieg und Frieden Geschwister?

Vielen Dank für das Gespräch, Herr Minister.

Der versehentliche Herr S.

Herr S. fühlt sich in diese Welt
wie aus Versehn hineingestellt,
bemüht sich allerdings inzwischen,
den schlechten Eindruck zu verwischen,
liest Zeitung, nörgelt und trinkt Bier,
sieht fern wie alle Leute hier
und unterschlägt dem Meldeamt,
dass er von ganz woanders stammt.

Nur manchmal, beispielsweise, wenn
man ihn direkt fragt, ob er denn
nicht auch für Recht und Ordnung sei,
für Fortschritt, Aufstieg, Polizei,
beherrscht er nur mit Mühe sich
und sagt: Ja, ja! Versehentlich.

Das Kaninchen Archimedes

Das Kaninchen Archimedes
war so frech und asozial und jedes
Taktes bar, dass es auf Gräbern saß
und die Blätter frischer Tulpen fraß.

Schon sehr früh kam es dahinter,
dass der Friedhof selbst im Winter
üppiger als manche Frühlingswiese
Blümchen bietet und Gemüse.

Neben »Unser Julius«
und »Dein Sohn als letzter Gruß«
saß und fraß es zwischen Schleifen,
ohne etwas zu begreifen.

Und so wurde Archimedes
trotz des mahnenden Geredes
älterer Kaninchenböcke
stärkster Bock in seiner Hecke.

Daraus folgt? Nichts. Doch es soll gern,
wer das braucht, sich was draus folgern.

Besuch aus Celle

Die ich einst geglaubt zu lieben,
heut soll ich sie wiedersehn.
Hol mich ab, hat sie geschrieben,
Bahnsteig vier um zwölf Uhr zehn.

Rufe nun seit zwanzig Stunden
schlafende Gefühle wach.
Längst vernarbt die alten Wunden.
Was sich regt, regt sich nur schwach.

Meinst du, dass, wenn ich dich sehe,
wieder wild das Herz mir pocht?
Glaubst du, es vermag die Nähe,
was die Ferne nicht vermocht?

Wird das gut sein, dass die schnelle
Eisenbahn dich zu mir trug?
Ich in Hamburg, du in Celle
war'n wir uns doch nah genug.

Annelie

An der Elbe bei Neumühlen
sitze ich mit Schuldgefühlen,
Annelie.

Möwen schrein und Kräne ragen.
Aber mir ist flau im Magen,
Annelie.

Tote Fische ziehn vorüber.
Ach, ich bin mir selber über,
Annelie.

Funken sprühn von Schweißgeräten.
Nichts kann unsre Liebe löten,
Annelie.

Männer hämmern auf den Schiffen.
Hab ich je etwas begriffen?
Annelie.

Grau und schmutzig ist die Elbe.
Und mit mir ist es dasselbe,
Annelie!

Schuldig bin ich sowieso

Angenommen mal: ich stehe
an der Kreuzung und ich drehe
mir bis Grün kommt einen Popel oder zwei,
bin ich ganz gelassen, bis ich plötzlich sehe:
neben mir – Polizei.

Später überleg ich mir zwar, dass
gegen zwei, drei Popel drehn bei Rot
gar kein öffentlicher Polizeierlass
oder nennenswerte Kerkerstrafe droht.
Aber in *dem* Augenblicke, wo
die mich ansehn, denk ich nur noch: Oh!
Weiß nicht ein noch aus und nicht, wohin
mit dem Finger in der Nase drin.

Hilfe! Denkbar wäre doch,
rechter Finger linkes Nasenloch
ist Geheimsignal von Terroristen,
was die Polizisten aber wüssten,
und so leid es ihnen tut, losballern müssten.

Oder: kleiner Finger linker Hand
rechts im Loch heißt: Scheiß aufs Vaterland.
Ach, zwei Löcher und zehn Finger:
Sittlichkeit, Verrat, die schlimmsten Dinger.

Polizei. Was man auch macht –
mit und ohne Nasebohren –
jedenfalls: du bist verloren.
Grad der Unverdächtige erweckt Verdacht.

Endlich Grün. Die Polizei gibt Gas.
Ach, von hinten lieb ich Polizisten.

Doch noch straßenlang macht mich die Frage blass:
Dass sie mich beim Abfahrn freundlich grüßten,
was bedeutet das?

Diese Welt, der Mensch und ich

Schlimm ist so ein Selbstbetrug
oder gar: am schlimmsten.
Wenn ich denk, jetzt red ich klug,
red ich meist am dümmsten.

Tanz ich fröhlich, frei und flott,
schwungvoll wie ein rechter
eleganter Walzergott:
Kichern und Gelächter.

Schreib ich für 'nen Kirchenchor
himmlische Sonette
heißt es, das sei der Humor,
den halt ich nur hätte.

Ja, das quält und ängstigt mich.
Schmerzerfüllt begreif ich:
Diese Welt, der Mensch und ich
missverstehn uns häufig.

Freude in Bargteheide

Das war in Bargteheide.
Das ist schon lange her.
Da machten wir uns beide
eine gegenseitige Freude ...
Weißt du das gar nicht mehr?

Der Mond von Bargteheide
war grüner als das Gras.
Der Mond war grün vor Neide
auf uns und unsre Freude.
Erinnerst du dich an das?

Der Mond hat mit der Zeit sich
verwandelt als ein Greis.
Ach nichts hat mehr erfreut mich,
nichts mehr so – gegenseitig.
Weißt du noch, was ich weiß?

Was die Katze predigt

Selig sind die Sanftmütigen,
versuchte die Katze die Maus zu begütigen,
wobei sie sie nur ein bisschen biss.
Und überhaupt: Das Ärgernis
auf dieser Welt ist das Laute und Grobe.
Gestattest du? Erst mal ein Ohr – zur Probe.
Das was? Das Totbeißen nicht vergessen?
Entschuldige, ich kann halt nicht schneller fressen.
Übrigens: Danke. Für heut wirst du reichen.
Liebet die Hunde wie euresgleichen!

Der Mensch hat die Sprache

Der Mensch ist höher als das Tier.
Seine Sprache ist der Beweis dafür.

Hab keine Angst.
Ich helfe dir.
Sei wieder gut.

Wenn du nicht gleich ...
Krepier, krepier!
Ich schlage zu!

Der Mensch als höchste Kreatur
besitzt die Sprache. Höret nur:

Ich liebe dich.
Der Krieg ist aus.
Die Tulpen blühn.

Du bist mein Feind.
Verbrennt das Haus.
Wir töten ihn.

Der Mensch kann Worte sagen – und
alle aus demselben Mund:

Dein Haar im Wind.
Der schöne Tag.
Das blaue Kleid.

Hör auf zu schrein.
Tu, was ich sag.
Die Beine breit!

Der Mensch gehört nicht zu den wilden
Tieren – er kann Worte bilden.

Ich schweige nicht.
Ich sag, was ist.
Euch fürcht ich nicht.

Jawohl, jawohl!
Ich bin dein Knecht.
Halleluja.

Seinsgleichen ist auf Erden nicht.
Der Mensch allein hat Geist. Er spricht.

Das Meer ist still.
Der Roggen steht.
Die Wolken ziehn.

Der Kolben stampft.
Kapazität.
Maschinengrün.

Am Anfang war das Wort – das heißt:
der Mensch kann denken – er hat Geist.

Ein Lied erklingt.
Noch einen Kuss.
Trink aus den Wein.

Im Gleichschritt marsch.
Der Gnadenschuss.
Du bist ein Schwein.

Der Mensch kann sprechen. Und das ist
das Menschliche, welches am Menschen ist.

Herr S. ist oft etwas zerstreut

Herr S. ist oft etwas zerstreut.
Was ihm Herr Z. nur schwer verzeiht.
Man darf nicht, sagt Herr Z., zerstreut sein,
man muss bereit sein und befreit sein
und auf dem Höhepunkt der Zeit sein.

Herr S. gesteht, dies einzusehn.
Und wagt Herrn Z. nicht zu gestehn,
dass, was er einzusehn bereit ist,
er schon vergaß, weil er zerstreut ist.

Wie Herr S. Erfolg haben könnte

An manchen Tagen bleibt Herr S. im Bett.
Aufsteht und macht und schafft allein Herr Z.

Herr S. erwacht nur ab und an und sieht
(vom Bett aus), wie Herr Z. sich müht:

ankurbelt, aufräumt, eingreift, vorschlägt, ringt,
ein-, um-, in Schwung, in Gang und vorwärtsbringt.

Herrn S. wird schon vom Hinsehn, ach, so matt,
dass er zurücksinkt auf die Lagerstatt

und weiterschläft. Spätabends legt Herr Z.,
vibrierend noch, sich zu Herrn S. ins Bett

und sagt: So könnte es gelingen,
dass wir, mein Freund, es *doch* zu etwas bringen:

Wenn du, statt unsre Angelegenheiten
mit Wägen, Zweifeln, Fragen zu zerstreiten,

nur immer weiterschläfst, gesund und fest,
und nie mehr aufwachst und *mich* machen lässt!

Das Astabsägelied

Es gibt ein Tier, das ist so dumm,
dass man's kaum glauben kann.
Es sitzt auf seinem Ast herum
und sägt daran.

Es macht auf seinem Ast sich breit
hoch oben auf dem Baum –
und sägt daran die ganze Zeit.
Man glaubt es kaum.

Der Ast ist fast schon durchgesägt.
Man mag es gar nicht sehn.
Das Tier sägt weiter unentwegt.
Ach, ist das Sägen schön!

Das Tier hält sich für sehr gescheit.
Es faselt unentwegt
von Frieden und Gerechtigkeit
und sitzt und sägt.

Das Tier liebt innig die Natur,
hat herrliche Ideen.
In einem Punkt nur ist es stur:
Das Sägen ist so schön!

Kommt jemand und ruft: Aufgepasst!
Verdammt! Der Baum ist hoch!
Dann ruft das Tier von seinem Ast:
Ein bisschen säg ich noch!

Das Tier ist stolz auf seinen Verstand,
weil der die Welt bewegt.
Es spuckt in seine linke Hand,
die andre sägt.

Das Tier sagt selbst: Ich glaube fast,
dass bald mein Ast abbricht.
Und sitzt und sägt an seinem Ast.
Aufhören kann es nicht.

Es gibt ein Tier, das ist so dumm,
dass man's kaum glauben kann.
Es sitzt auf seinem Ast herum
und sägt daran.

Der unzeitgemäße Herr S.

Oft sitzt Herr S. in seinem Zimmer
und freut sich. Oder noch viel schlimmer:
erlaubt sich, auf sein Innen achtend,
sich selbst als Phänomen betrachtend,
beglückt zu staunen über sich:
Ei, Gott zum Gruße, das bin *ich*.

Und mitten bei hochoffiziellen
Verhandlungen mit höchsten Stellen
sowie beim Küssen seiner Frau
betreibt er solche Innenschau,
zieht taktlos sich in sich zurück
und sieht sich an und strahlt vor Glück.

In Anbetracht: die Welt läuft heiß
und keiner glaubt, was jeder weiß
und was nicht Unrecht ist, ist teuer –
ist dies Verhalten ungeheuer.

Es gibt da eine Waffe

Es gibt da eine Waffe,
die jeder anwenden kann.
Kein noch so großer Affe
kommt gegen die Waffe an.

Du musst es einfach nur wagen,
der dümmsten Frau im Haus
frech ins Gesicht zu sagen:
»Sie sehen bezaubernd aus!«

Dem dümmsten Sack auf Erden
sagst du ganz nett und lieb:
»Ich muss es mal loswerden:
Sie sind ein toller Typ.«

Glaub mir, sie werden nach Tagen
noch fix und fertig sein.
(Vorausgesetzt, sie schlagen
dir nicht gleich die Fresse ein.)

Herr S. und die Morgengymnastik

Herr S. macht sechzehn Liegestütz
als tägliche Gymnastik,
geht achtmal in den Schneidersitz –
schön langsam, nicht so hastig –
beugt seinen Rumpf, und zwar zurück,
macht sieben Scherensprünge,
Kniebeugen bis zu fünfzig Stück
und dreizehn Hüftaufschwünge;
beginnt den Tag frisch und befreit,
fühlt, wie er fit und stark ist,
und denkt: Es tut mir richtig leid,
dass dieser durchtrainierte Leib
trotz allem – für den Sarg ist.

Eigentlich ja doch ganz nett

Wenn Herr S. jedoch mal wieder
einen kleinen Mord begangen hat,
sind Herr Z. und er die dicksten Brüder.
Und Herr Z. beleuchtet seine Tat
und beweist Herrn S., dass grade diese
Fähigkeit zum Unmensch-Sein bewiese,
dass Herr S. ein Mensch ist und
seine Schwächen erst als Hintergrund
seine Stärken als die großen Taten
eines Dennoch-Kämpfenden verraten.

Zwar erscheint Herrn S. dies alles etwas kühn,
doch er merkt schon: es beruhigt ihn.
»Eigentlich ja doch ganz nett«,
denkt er zärtlich, »dieser Z.«

Rührselige Ansprache vor einem Wochenbett

Das haben Sie ja wieder großartig gemacht,
Verehrteste! Und ich bewundere Sie.
Einen richtigen Menschen zur Welt gebracht!
Ganz ehrlich, das könnte ich nie!

Mag sein, Sie denken: Was ist schon dabei?
Und lächeln still, bescheiden wie Sie sind.
Ja freilich ist der Vorgang nicht mehr neu,
und doch: ich bitte Sie: ein lebendiges Kind!!

Und überhaupt, was fällt mir Esel ein,
zu solchen Sachen mein I-A zu geben!

Wo zwischen dem Noch-nicht- und dem Nicht-mehr-Sein
ein Jetzt-Sein stolz beginnt, ein Leben,
sollt unsereiner wohl die Schnauze halten
und in sich gehen und bedenken seine Sünde
und beten oder wenigstens die Hände falten
anstatt zu tun, als ob er was davon verstünde.

Ja, sehen Sie, das ist der nackte Neid.
So dazustehen und ratlos zuzugaffen,
wie Sie als Frau für die Unsterblichkeit
mit großem Mute große Werke schaffen.

Auch denk ich: dass der Mann bleibt ungeschoren,
die Frau jedoch hat Schererei und Tränen,
ist von Natur nicht, wie's wohl scheint, verkehrt.

Seht euch doch um!
War, was ein Mann geboren,
je einer Träne wert?

Was der Spatz schimpft

Ich heiße Willi. Bin Arbeiterkind.
Nachtigallen gehören alle geschlachtet.
Wer da singt, wenn andere hungrig sind,
macht sich schuldig, dass er das Handwerk verachtet.
Man soll uns nicht mit hohler Kunst beträufeln!
Sondern was uns am meisten missfällt,
ist der elende Mangel an Pferdeäpfeln
auf dieser Welt!

Schwein zum Menschen

Natürlich bin ich degeneriert.
Sie vielleicht nicht?
Ich Schwein bin kaum noch peinlich berührt,
wenn man abfällig über mich spricht.
Wissen Sie, alle diese Menschereien ...
Aber lassen wir die billigen Wortspiele seien.
Gern will ich als Schwein
Sündenbock für menschlichen Kehricht sein.
(Da habe ich meine eigene Ansicht darüber.)
Jedenfalls ist mir das lieber,
als ausgerechnet Ihnen,
Sie Mensch!,
als Glückssymbol zu dienen.

Das kleine Lied von der Mittelmäßigkeit

Das ist das kleine Lied
von der Mittelmäßigkeit.
Ich habe es Herrn Boschmann
von der Abendpost geweiht.

Denn Herr Boschmann ist ein Mensch, der mit der Zeit geht;
Kritik ist wichtig, sagt er, wenn sie nicht zu weit geht!

Herr Boschmann weiß genau,
was der Leser lesen will.
Er hat für jede Meldung
so sein Abendpostgefühl.

Denn Herr Boschmann weiß: der Leser will nicht denken.
Wer unsre Zeitung kauft, den wolln wir doch nicht kränken!

Herr Boschmann sagt: Bei uns
gibt es keine Spur Zensur.
Wir verbieten Ihnen nichts.
Wir beraten Sie ja nur.

Denn wir machen eine freiheitliche Zeitung.
Und was Freiheit ist, bestimmt die Verlagsleitung.

Man muss als Journalist
auch viel positiver sein.
Der Leser will sich doch
an der Zeitung abends freun.

Über Fahrraddiebe oder Terroristen
will er täglich sich beim Abendbrot entrüsten.

Ein kleiner Frauenmord
und ein bisschen große Welt.
Revoluzzer in den Knast.
So was ist es, was gefällt.

Aber schreiben Sie nie Schlechtes von den Hunden.
Denn die Hunde zähln zu unsren besten Kunden.

Herr Boschmann allerdings
ist durchaus nicht etwa blind
für die Dinge, die im Staat
alle noch im Argen sind.

Doch er hat ja außer für die freie Presse
als Familienvater auch noch ein Interesse.

Es kommt doch nicht drauf an,
wo man steht in dieser Zeit.
Herr Boschmann sagt ja nur:
Was zu weit geht, geht zu weit!

Und man krieche, dass man mit dem Chef gut auskommt,
ihm nur so weit rein, dass man auch wieder rauskommt!

Das ist das kleine Lied
von der Mittelmäßigkeit.
Ich habe es Herrn Boschmann
von der Abendpost geweiht.

Heldentum und Mord und Wahnsinn muss vergehen,
doch die Mittelmäßigkeit, die bleibt bestehen.

Denn die Mittelmäßigkeit
geht nie zu kurz und nie zu weit.
Wenn die Welt vor Elend schreit,
kommt die Mittelmäßigkeit
und sagt: Aber, liebe Leut,
geht das nicht ein bisschen weit?
Bis in alle Ewigkeit
überdeckt mit grauem Kleid
große Lust
und großes Leid
stets die Mittelmäßigkeit!

Dankgebet

Lieber Gott, das hast du gut gemacht,
dass, wer heute den Papst auslacht,
weder geviertelt wird noch geblendet,
sondern bloß nicht im Fernsehn gesendet.

Die Wahlkantate

*(nach dem Quodlibet von Johann Sebastian Bach
BWV 524 – für Singstimmen und Generalbass)*

Deutscher Michel, hörst du wieder
jenen lieblichen Gesang?
Schmeicheltöne, süße Lieder,
Michel, ach, wird dir nicht bang?
Michel dort, Michel hier,
Michel, was wollen sie von dir?

Präsidenten und Minister
sinken vor dir auf die Knie.
»Unser liebster Michel ist er.
Ach, wir lieben dich! Und wie!«
Warst den Herren stets egal –
was ist los mit einem Mal?

*Volk, wir haben dein Wohl, dein Wohl,
o Volk, nur im Sinne!
Jedenfalls alle vier Jahre, o Volk,
nun gib uns doch schon deine Stimme!*

Armer Michel quälet sich!
Welche Braut ist gut für mich?
Wie sie lächeln, wie sie schmeicheln.
Wie sie lauter Liebe heucheln!
Vom Plakat und Fernsehschirm
kriechen sie dir ins Gehirn!

Ach, wie war es doch so schön
in kaiserlichen Tagen!
Brauchte man das dumme Volk
nicht dauernd zu befragen!

Michel, deiner Stimme Kraft
gleicht der berühmten Jungfernschaft
unmittelbar nach dem Liebesakt:
Dankeschön und abgehakt!

Armer Michel, nach der Wahl
zahlst doch nur du die Zechen!
Aber vorher, guter Mann,
hör was sie alles zur Wahl dir versprechen:

Für die Rentner höhre Renten.
Für die Ärzte mehr Patienten.
Für Beamte Ruhekissen,
weil sie weicher schlafen müssen.
Amnestie für alle Frauen,
welche ihren Mann verhauen.
Extraknochen für die Hunde.
Für die Trinker eine Runde!
Für die Lehrer längre Ferien.
Für die Krimifreunde Serien.
Für die Witwen neue Männer.
Gratiswermut für die Penner.
Für die Dichter schöne Reime.
Für die Pfarrer Heil'genscheine.
Für die Bosse mehr Profite.
Für Studenten keine Miete.
Für die Bäcker neue Mützen.
Bunte Orden für die Schützen.
Neue Pinsel für die Maler.

Schnaps für alle Steuerzahler.
Neue Roben für die Richter.
Prämien für Hühnerzüchter.
Für Matrosen neue Hosen.
Kuchen für die Arbeitslosen.
Alle, alle guten Gaben,
liebster Wähler, sollst du haben,
wollen dich küssen loben laben
wählst du unsere Partei!

Nach der Wahl, na das ist klar,
war das alles gar nicht wahr.
Liebesschwüre, Wahlversprechen,
irgendwann muss man sie brechen.
In vier Jahren unterdessen
sind sie doch sowieso vergessen.

Einst hat der Löwe das Tierreich regiert.
Er hat mit Blut und Willkür das Regiment geführt.

Da sagten die Tiere:
Das darf nicht mehr sein.
Wir wollen den König wählen
aus unsren eignen Reihn.
Ja, wem die Mehrheit der Tiere
die Stimme verleiht,
der soll sein unser König
für eine begrenzte Zeit.

Doch weil es, wie ihr wisst,
mehr Ochsen gibt als Tiger,
so bleibt seit jener Zeit
auch immer ein Ochse Sieger.

Und wo der Löwe einst gebrüllt
und seine Mordlust hat gestillt,
da richten nun seit jener Stund
wir Ochsen alle die Welt zugrund!
Muh! Muh!

Doch mit diesen Tönen Schluss.
Margot, gib mir einen Kuss.
Trink mit mir den guten Wein!
Lass uns unanständig sein.
Denn immer sind es die nüchternen Hunde:
Die richten diese Welt zugrunde!

Dankeschön für den warmen Brei

Schwimm bloß nicht zu weit raus.
Steig nicht zu hoch hinauf.
Trink lieber nicht alles aus.
Fall oben niemals auf.
Treib nicht zu weit das Spiel.
Schrei bitte nicht zu laut.
Gehorch und denk nicht viel.
Zeig bloß nicht zuviel Haut.

Hab bitte mehr Respekt.
Sei still und denk dein Teil.
Sag ja, auch wenn's nicht schmeckt.
Im Dulden liegt das Heil.
Sei kompromissbereit.
Recht hast du nie allein.
Vermeide jeden Streit.
Laut Rülpsen ist nicht fein.

Protestiern, dass es nicht stört.
Hilfeschrein, dass man's nicht hört.
'n bisschen Musik, aber bloß kein Tanz.
'n bisschen Leben – aber nicht ganz.

Dankeschön für den warmen Brei.
Wisst ihr was?
Das geht mir am Arsch vorbei!

Bei Lofer in den Felsenhöhn

Bei Lofer in den Felsenhöhn
Hab ich 'nen großen Fels gesehn,
der hing so wacklig an der Wand,
dass er nur auf der Spitze stand.
Das war schon wirklich allerhand.
Das war schon nicht mehr schön.

Ich schlich mich leise drunter weg
und dachte: Beten hat kein' Zweck,
denn jedes kleinste Beben
kann dieses Biest bewegen.
Und ich blieb heil. Und dachte: Fein!
Der nächste wird dein Opfer sein.

Zehn Jahre ist das alles her.
Jetzt komm ich wieder. Bitte sehr:
Wer balanciert auf einem Bein
noch immer dort? Mein Schwebestein!

Worauf mit schnellen Sprüngen ich
umkehrte und ins Tal entwich:
Der Bursche lauert dort auf mich!

Herr S. und das klare Wort

Herr S. gestand einmal, wie soll man sagen,
andeutungsweise: die Entscheidung sei
gewissermaßen, wie in solchen Fragen
schlechthin, wenn auch nicht zweifelsfrei
so doch sowohl und unbedingt als auch,
wie andrerseits und freilich nirgendwo.

Drauf warnte ihn Herr Z. vor dem Gebrauch
eindeutiger Versprechungen und so …

Herr S. jedoch entgegnete, es schade
der klaren Sache nie ein klares Wort,
zumindest nicht bis zu gewissem Grade
und falls man und so weiter und so fort …

Wenn der Hilfspolizist loslegt ...

Ich meine: So kann's doch nicht weitergehen!
Wo gibt es noch Anstand und Zucht und Gewissen?
Heute kannst du Leute von dreizehn sehn,
die sich mitten in der S-Bahn küssen!
Also wirklich, man denkt doch, man lebt auf'm Mond!
(Und die stehen auch nicht auf. Und die werden nicht rot.)
Das Einzige, wofür sich das Leben noch lohnt,
ist das Parkverbot!

Du glaubst ja nicht, was man als Hilfspolizist
auf dem Sektor erlebt. Wo ich diensttuend bin,
sind zwölf Zonen, wo Parken verboten ist.
Da parken die Leute sich hin!!
Man kann das nicht glauben. Da steht nun ein Schild!
Gesetzlich! Behördlicher Ordnung wegen.
Das missachten die einfach. Und parken da. Wild!
Oder fahren sogar noch dagegen.

Rote Socken natürlich am meisten dabei.
Ja, das sieht man doch schon, wie die Kiste da steht.
Karl Marx hat gesagt: Parken ist frei.
Auf der Straße und mitten im Blumenbeet.
Aber die werden bestens bedient von mir.
Wenn so einer ankommt und noch jammert und quarkt,
dem sag ich ganz ruhig: In meinem Revier,
Genosse, wird nirgends geparkt!

Ein letztes Stück Ordnung muss schließlich noch bleiben.
Wo die Welt sich schon nackend im Chaos dreht.
Und je mehr wir auf Draht sind und Leute aufschreiben,
ist vielleicht noch nicht alles zu spät.
Pass auf, eines Tages, wenn ich das noch schaffe,
wird ein ewiges Halteverbot beschlossen.
Und dann gibt es auch wieder die Todesstrafe.
Wer anhält, wird erschossen!

Unbegreiflich

Es war im kalten Februar.
Das Mädchen, das ich küsste, war
so jung wie ich – bald achtzehn Jahr.
Grün waren ihre Augen.
Wir zogen uns die Schuhe aus
und schlichen in ein Treppenhaus,
dort schmiegten wir uns Bein an Hand
und trachteten, uns unverwandt
die Seelen auszusaugen.

Sie sprach in wildem, klarem Ton
der Welt und allen Mächten Hohn
Gerechtigkeit! Revolution!
Stark waren ihre Worte.
So gut, so groß, so kriegerisch.
Tot lag die Dummheit unterm Tisch,
zumindest sah sie sterbend aus.
Mir war die Tür zum Treppenhaus
wie eine Himmelspforte.

Wir liebten uns Gott weiß wie sehr,
verstanden uns nun immer mehr,
die Treppe bog sich hin und her –
Dann war nur Nacht und Schweigen.
Der Schnee verschneite draußen sich,
wir froren beide jämmerlich.
Und was noch sonst war – nun, genug:
Dies schöne Kind war schön und klug
ohne es groß zu zeigen.

Vergangen sind der Jahre acht.
Was haben sie aus dir gemacht?
Weißt du nicht mehr? In jener Nacht...
Sie raunzt und maunzt und flötet nur
von wahrer Kunst und Literatur...
Und war so klug, und war so schön.
Ach, dass wir uns nicht mehr verstehn,
das kann ich nicht begreifen.

Kleine Ballade für Elke Eyler

Manchmal seh ich Elke Eyler
noch im Traum. Ihr rotes Haar,
ihre brennend schwarzen Augen
und wie klug und still sie war.

Denn sie war eins von den Mädchen,
die im Vorzimmer vom Boss
wie verwunschne Engel sitzen,
schweigend lächelnd, klagelos.

Und der Chef hieß Plettenberger
von der Firma Plettenberg,
eine arme Krämerseele,
ein zurückgebliebener Zwerg.

Plettenbergs Toilettenseife
war sein Himmelreich, sein Staat.
Kam sich vor wie Karl der Nackte:
Fräulein Hoffmann zum Diktat!

Elke Eyler aber war die
hohe Ehre zugedacht,
dass sie Plettenberger täglich
seinen Frühstückskaffee macht.

Und ich weiß noch: eines Tages
heult die Hoffmann bitterlich:
Weil ich mich so oft vertippe
und entlassen will er mich.

Elke Eyler mit der Kanne
voller Kaffee stand da und
hielt sie kurz mal Fräulein Hoffmann
ohne Deckel vor den Mund.

Und die hatte gleich begriffen,
spuckte voller Wonne rein.
Elke Eyler trug den Kaffee
kühl und ernst ins Zimmer rein...

Als sie wieder rauskam sprach sie
(ach, ich weiß das noch wie heut!):
Wohl bekomm es seiner hohen
Vorgesetzten-Heiligkeit!

Doch bedenkt: Dies ist ein Scherz nur
und dazu gehört kein Mut.
Es wird endlich Zeit, dass unser-
einer wirklich etwas tut!

Kommt, und lasst uns diesen Paschas,
die uns ewig schikaniert,
in die große Suppe spucken,
dass das Elend enden wird!

Elke Eyler, Elke Eyler,
ich denk oft noch an dein Haar,
das mir immer wie ein Zeichen einer
bessern Zukunft war.

Der Trost kommt vom Radfahren

Immer wieder fällt mir ein:
Der Kardinal weiht die Radfahrer ein.
Oder anders gereimt: Immer wieder begegnet
der Kardinal mir, der die Radfahrer segnet.

Das habe ich wirklich, ganz lange her,
mal selber erlebt. Auf der Straße. Wie er,
der Kardinal, sich sportlich beteiligt,
indem er die Radfahrer heiligt.

Mitten beim Lesen von Flugzeugunglücken,
bei Auffahrunfällen, beim Möbelverrücken,
in den allerentlegensten Augenblicken
begegnet mir dieser göttliche Mann
und segnet die Radfahrer an.

Ob es Gott vielleicht gibt und ob Gott überhaupt
bejahenden Falles fest an mich glaubt,
ist mir alles nicht klar. Aber dann und wann
bin ich richtig froh, dass ich Rad fahren kann.

Fensterputzballade

Schlimme Beine hat sie, Oma Reimer.
Aber ihre Fenster sind blitzblank.
Freitags steigt sie immer mit dem Eimer
und dem Fensterleder auf die Fensterbank.

Ah, das Ischias! Es gibt nichts Schlimmres.
Doch dann tritt sie, weil die Pflicht sie ruft,
raus ins Freie, auf den Vorsprung des Gesimses
unter ihr drei Stockwerk nichts als Luft.

Halt! He! Halt! – Da sieht sie in der Tiefe;
So ein Bengel, muss der doch bei Rot...
Fehlt nicht viel, dass er ins Auto liefe!
Oma Reimer mit dem Eimer droht!

Und das Asthma. Hört ihr Oma schnaufen?
Hört ihr nicht, dass Oma nicht mehr kann?
Gute Hausfraun putzen auch von außen.
Aber außen kommt man so schlecht an.

Ach, das weiß sie jetzt schon, Oma Reimer,
dass im Himmel auch kein Aas die Fenster putzt.
Und vor Gottes Thron tritt sie nicht ohne Eimer
und den Lappen, den sie dreißig Jahr benutzt.

So. Das reicht. Schon schwingt sie sich mit einer
Rolle rückwärts von der Fensterbank.
Schlimme Beine hat sie, Oma Reimer.
Aber ihre Fenster sind blitzblank.

Für Karin W.

Es scheint die liebe Sonne noch
und wenn schon hinter Wolken.
Die Ziege meckert laut, jedoch
danach wird sie gemolken.

Es blühn an mancher Wiese Rand
noch viele Margareten.
Die kann der größte Elefant
bis morgen nicht zertreten.

Es wächst noch hier und da ein Zahn
in einem Rosenmunde.
Und manchmal fährt die Straßenbahn
sogar zur Geisterstunde.

Ich weiß, wie schlecht die Menschen sind.
Das ändert nicht so bald sich.
Die Tränen, die du weinst, mein Kind,
sind schön – und nicht nur salzig!

Gustav

In die Schweiz ist sie gefahren
und ich darf solange
Gustav bei mir aufbewahren.
Bin vor Glück ganz bange.

Gustav ist ihr Meeresschweinchen.
Und ich liebe sie.
Süße Schnauze. Kurze Beinchen.
Gustav, mein ich. Ach, und wie!

Gustav, du kriegst Sekt zu saufen,
süßes Schweinetier.
Darfst auf Tisch und Teppich laufen.
Oder was du willst. Auch Bier!

Will umhegen dich, als wärest
du sie – und sie mein.
Gustav, schönstes Schwein des Meeres,
edelstes und größtes Schwein.

Kommt sie heim und holt ihr Kleinchen,
sagt ihr Gustav dann:
»Gut hat man's bei dem als Schweinchen.«
Und dass sie es auch so haben kann!

Fischgeheimnis

Fische, sagen die Leute, sind stumm.
Fragt sich, warum.
Weil sie nicht sprechen, nicht rufen, nicht schrein?
Könnte doch sein,
sie verweilen nur desinteressiert hier am Orte
und sparen sich die Worte.

Der Aschenbecher

Ein Aschenbecher auf dem Tisch
erzählte stolz und prahlerisch,
er fühle sich als Bonboniere,
er habe überhaupt entdeckt,
dass er was ganz besondres wäre,
er sei geschaffen für Konfekt.
Und er entsänn' sich immer schwächer,
was das nur sei, ein Aschenbecher.

Der Mensch jedoch, dem er gehörte
und den dies alles gar nicht störte,
ließ ihn ganz ungeachtet dessen
nur Zigaretten-Asche fressen.

Gibt's wirklich

Monika, du süße Biene,
heute habe ich gesehn
eine *Gleisentkrautungsmaschine*.
Sag, ist das nicht wunderschön?

'ne Maschine, wie sympathisch,
deren Lebens-Inhalt lautet,
dass sie sauber automatisch
maschinell das Gleis entkrautet.

Schlangen schlüpfen aus der Pelle.
Wundersame Selbstenthautung.
Und dann gibt es noch die schnelle
maschinelle Gleisentkrautung.

Ach, Natur, du große, kühne.
Feuer schufest du und Eis.
Und zum Schluss eine Maschine,
welche krautet (ent) das Gleis,

die das Gleis, das Gleis entkrautet,
die entkrautet, ja, das Gleis ...
weshalb auch ihr Name lautet ...

Ja, jetzt ist genug. Ich weiß ...

Verloren ist das Schlüsseli

Ich liebe dich ein Leben lang.
Mein Herz, das ist ein Panzerschrank.
Darinnen liegt das deine.

Du liebst mich auch ein Leben lang?
Dein Herz ist auch ein Panzerschrank?
Darinnen liegt das meine?

So läge ja ein Leben lang
dein Panzerschrank in meinem Panzerschrank
und wiederum mein Panzerschrank
in deinem Panzerschrank in meinem
Panzerschrank ...

Mich macht mein Glück schon geisteskrank.
Dich auch das deine?

Vom Streben nach Höherem

Ist dir schon einmal aufgefallen,
dass der Mensch grundsätzlich das Gute will?
Ob sie sich küssend in die Arme fallen
oder auf andere Weise abknallen:
Dahinter steckt immer ein hohes Ziel.

Nie habe ich jemanden sagen hören:
Ich liebe die Ungerechtigkeit.
Sondern sie halten Reden und schwören:
Wenn nicht die höheren Werte wären!
Wir ziehen ja nicht für den Streit in den Streit!

Solche Erkenntnis ist gut für die Seele.
Weil es ein Trost ist, wenn man da sieht:
Welche Partei der Gewalt ich auch wähle,
wen ich auch immer zum Glücklichsein quäle:
dass es alles in höherer Absicht geschieht.

Vom starken Argumentieren

Da kam einmal ein Argument
daher auf dem Wege Rede.
Und sagte: Prüft mich, damit man mich kennt,
annehme oder widerlege.

Sie aber – griffen den Redner sich
und sagten auch, weswegen:
Sein Argument, ohne Hieb und Stich,
wäre einfach zu widerlegen.

Man müsse es nur konsequent
zu Ende diskutieren.
Und ließen ganz einfach das Argument
samt Redner exekutieren.

Walter

Walter ist jetzt neunundzwanzig.
Seine Mutter muss immer bei ihm sein.
Walter hat seinen normalen Verstand nicht.
Vor einer Fliege fängt er an zu schrein.
Walter ist als Kind mit sieben
Monaten geistig stehen geblieben.

Oh, Walter, mein Alter:
Du bist nicht normal.

Walter könnte heut längst Offizier sein.
Oder Pfarrer. Oder BILD-Redakteur.
Bei der Nato könnte er ein hohes Tier sein.
Oder sagen wir mal: Parteisekretär.
Walter, du könntest längst unter uns wandeln
und mit Panzern oder Giftgas handeln.

Walter, mein Alter:
Dann wärst du normal.

Walter ist immer eifersüchtig
auf Anke, seine Nichte, die ist jetzt vier.
Ohne seine Puppe isst Walter nicht richtig.
Seine Schwester öffnet ihm die Hosentür.
Walter sitzt stundenlange in der Ecke
und lächelt und saugt an der Schmusedecke.

Walter, mein Alter,
du bist nicht normal.

Walter, du könntest längst Folterknecht sein
in einem Land, wo der Henker regiert.
Öffentlich könntest du fürs Menschenrecht sein
und kalt mit ansehen, wie das Volk krepiert.
Walter, du könntest mit Fernraketen
als Freiheitsheld Frauen und Kinder töten.

Ja, Walter, mein Alter:
Dann wärst du normal!

Herr S. fasst seine guten Vorsätze zum neuen Jahr

Herr S. vom Leben längst gewitzt,
weiß, dass es überhaupt nichts nützt,
Vorsätze, löbliche, zu fassen,
und fasst den Vorsatz, es zu lassen.

Herrn Z. ist die Idee entsetzlich.
Wer ohne Vorsatz sich vorsätzlich
nichts vorsetzt, zeige überhaupt,
dass er selbst an sich selbst nicht glaubt.

Drum macht Herr S. sich rasch ein paar
Vorsätze aus dem Vorjahr klar,
staubt sie kurz ab und denkt dabei:
die sind ja noch so gut wie neu.

Ha, denkt er, wie bequem ist dies:
dass man Vorsätze fallen ließ.
Weil man die kaum Gebrauchten dann
ganz gut noch mal gebrauchen kann.

Als ich aus dem Fenster sprang

Als ich aus dem Fenster sprang,
hoffte ich sekundenlang,
ob es mir nicht noch gelänge,
dadurch, dass ich langsam spränge,
sozusagen nur zu schweben
und den Sprung zu überleben.

Aber gleich lag ich im Blut.
Polizei tatüü tatuut,
hat mich fleißig eingesammelt
und in einen Sarg verrammelt.
Mir ist kalt. Denn nun bin tot ich.
Deinetwegen. Idiot ich.

Macho an die verreiste Geliebte

Dort drüben steht ein Mann auf dem Dach
und teert es.
Ich bin ganz krank und schwach.
Mein liebes Weib, mein hochverehrtes,
du fehlst mir. Ach!

Ulrike Weiland, welche ich gebeten,
dich in deiner Abwesenheit
an Tisch und Bett zu vertreten,
bin ich schon leid.

Ich fühle mich so unverstanden und allein.
Ach, komme doch bald.
Morgens sind alle meine Füße ganz kalt.
Deine Katze verachtet mich. Das ist gemein.

Jetzt hat der Mann das Dach geteert
und wird sich nach Hause begeben.
Ja, der hat wenigstens, wo er hingehört,
führt nicht so ein beschissenes Leben
wie ich – der ich am Fenster stehe
und mir besehe,
wie man Dächer teert.

Übrigens halte ich es für ganz verkehrt,
dass manche Männer ihre Frauen
durchsägen, knebeln oder verhauen
oder auch regelrecht totmachen.
Frauen sind nützlich. Können Butter aufs Brot machen,
Betten ausklopfen,
küssen und stopfen,

Bier aus dem Keller rauftragen
und die Blumen begießen.
Und ich muss sagen:
Ich würde es sehr begrüßen,
wenn du, meine Geliebte ... Ach, sieh an:
jetzt ist er vom Dach gefallen, der Mann,
der dahinten geteert.

... wenn du, meine Geliebte, schon bei mir wärst.
Denn nun merke ich erst,
wozu ich dich alles gebrauchen kann.
In Liebe. Dein Mann.

Herr S. und die menschliche Begegnung

Herr S. sieht einen Menschen im Gewühl
und hat sofort das sichere Gefühl:
den kenn ich.
Allerdings woher,
erinnert er mit aller Kraft nicht mehr.

Doch jenem scheint es ebenso zu gehen:
Er grüßt, um schnell woanders hin zu sehen.

Herr S. jedoch
steht lange noch
auskostend die geheimnisvolle Segnung
der rein abstrakten
menschlichen Begegnung.

Die Welt noch mal wie du zu sehn

Die Welt noch mal wie du zu sehn.
Das wäre wunderbar.
Ich wäre sechzehn Jahr
und wünschte, alles zu verstehn.
Denn manches wär mir noch nicht klar.

Hab vieles von der Welt gesehn.
War vieles wunderbar.
Bin mehr als sechzig Jahr.
Und wünsch mir, *etwas* zu verstehn –
denn mir ist nichts mehr klar.

Frühlingsgedicht

Du lieber Mai, ich dichte dir
hier heimlich auf Geschäftspapier
ein paar verliebte Zeilen.
Durchs Fenster sehe ich – obwohl
ich nicht durchs Fenster sehen soll –
die Wolken ziehn beziehungsweise eilen.
Du wütest draußen ganz schön rum,
du bläst auch Bäume und Autos um;
ich habe selbst gelesen,
weit über dem jährlichen Durchschnitt sei
in diesem (in dir, mein lieber) Mai
die Sachschadenziffer gewesen.

Blas zu, mein Freund, reiß Häuser ein,
nimm Rentner und alte Mütterlein
und puste sie über die Dächer.
Entzücken, ach, füllt meine Brust!
Mach, lieber Mai, nach Herzenslust
viel Fetzen und Scherben und Löcher.

Damals in kalter Nacht

In der Einfahrt neben dem Fotoladen
hatten wir damals Schutz gesucht.
Vor dem Sturm, der uns den Schnee in Schwaden
in die Schnauze schlug. Das biss. Verflucht.

Weiß noch, wie du sagtest: Kommt mir vor:
Jemand will uns durch Erfriern bestrafen.
Und du machtest dir schon Sorgen um dein Ohr.
Ach, mit keiner werd ich je so zärtlich schlafen,
wie ich einst mit dir zusammen
fror.

Herr S. etwas unten

In einer ihm gegrabenen,
zu spät von ihm bemerkten Grube saß Herr S.
Zunächst noch der erhabenen
Gedanken bar, schien er verstört. Indes:
Je mehr er sich als unbeweglichen
Gefangenen mit Schmerz erkannte,
bemerkte er: Es übermannte
seltsames Mitleid ihn für jeglichen
Beweglichen, der oben, frei mit Schauern
hinwandeln muss, weil Gruben auf ihn lauern.

Träumerei

Ja, wenn ich weiße Zähne hätt
und röch nicht aus dem Mund
und läge mit Babett im Bett,
da fühlt ich mich gesund.

Ja, wenn ich stark und mutig wär
als wie ein Polizist,
da schreckte mich die Welt nicht mehr
noch Neid und Hinterlist.

Ja, wenn ich meine Schnauze hielt,
wo es mir schaden könnt,
wie bald wär da der Sieg erzielt
und Zinsen und Prozent.

Ja, wenn ich stolz und schneidig wär
als wie ein Herr Major:
mein Hirn wär zwar so ziemlich leer,
doch käm's mir nicht so vor!

Hätt ich 'nen Scheitel, Schick und Schneid
und einen seidnen Schal,
wär meines Herzens Schmutzigkeit
mir ganz und gar egal.

Wie wär ich da so ungeniert
und schweinemäßig froh
und frisch rasiert und parfümiert
und duftete nur so.

Susanne am Grabe

Ich sollte Blumen begießen
an meiner Tante Grab.
Und plagte mich zu diesem
Zweck mit der Gießkanne ab.

Da sah ich dich, Susanne,
stehen am Wasserhahn.
Mit einer grünen Gießkanne.
Und hast mir so leid getan.

Du solltest Blumen begießen
an deiner Tante Grab.
Und plagtest dich zu diesem
Zweck mit der Gießkanne ab.

Ich sagte: Ach, setzen Sie diese
Gießkanne, Susanne, doch ab.
Dass ich Ihre Tante begieße
beziehungsweise ihr Grab.

Du aber, geliebte Susanne,
vergaßest den Hahn abzudrehn.
Und deine und meine Gießkanne,
die ließen wir beide stehn.

Das wird unsre Tanten verdrießen.
Sie werden uns niemals verzeihn.
Ach, soll sie der Teufel begießen.
Unsre Gießkannen könn' wir ihm leihn.

Die Midlife-crisis-Moritat

*»Oft habt ihr gehört von geilen
Kerlen. Wie sie schändeten
Fraun und Mädchen, welche meistens
dann im Elend endeten.*

*Oder auch vom Joch der Ehe
hörtet ihr: Des Weibes Pflicht
ist Gehorsam! Ihm zur Freude
leg dich hin und murre nicht!*

*Ja, in guten alten Zeiten
edler Sitten, starken Rechts
war der Mensch noch ein Gebieter,
und zwar männlichen Geschlechts.«*

*Also sprach die Klageworte
Karl-Heinz Lebrecht, Spediteur.
»Dreht die Welt sich schon verkehrt rum?«
Hört, wie's ihm ergangen, her!*

Zwanzig lange Ehejahre
schwitzt er für die Spedition.
Seine Frau, die heißt Regine.
Und kein Kind und auch kein Sohn.

Karl-Heinz Lebrecht war kein andrer
Ehemann wie andre auch.
Hat ein Einfamilienhäuschen
und auch einen kleinen Bauch.

Auch was dann kam, war wie immer,
wenn ein Mann erst vierzig ist:
Irgendwann kommt eine Rita –
und du glaubst nicht, wie die küsst.

Karl-Heinz Lebrecht seine Rita,
eine junge Geigerin,
gab ihm erst ein Schubert-Rondo
und danach sich selber hin.

Und das alles zwischen Kisten,
die Karl-Heinz als Spediteur
Rita unters Dach getragen.
»Starker Mann«, sprach sie, »komm her!«

Lebrecht war, als wär er achtzehn.
Oh, du schöne Geigerin.
Und schlich jeden zweiten Abend –
ohne Kisten – wieder hin.

Einmal fragt Karl-Heinz die Rita
scherzhaft halb, halb wollusttoll,
ob sie auch die Pille nähme,
doch sie lacht geheimnisvoll.

Abends müde zu Regine
kommt er heim. »Die Spedition
kostet soviel Überstunden!«
Doch die Frau, die ahnt es schon.

Und eh Lebrecht es nur dachte
(oft er noch zu Rita schleicht),
sprach Regine: »Heinz, ich habe
unsre Scheidung eingereicht!«

Lebrecht fiel aus allen Wolken.
»Deinen angetrauten Mann«,
rief er, »kannst du doch nicht einfach...«
»Doch«, sprach sie, »mein Schatz: Ich kann.«

Zeigt auch gleich von ihrem Anwalt
eine Güterreglung schon:
»Ich behalt das Haus, und du kriegst
deine Pleitespedition.«

Lebrecht war enttäuscht, verbittert.
Und nun blieb ihm nur noch eins:
»Rita«, sprach er, »seine Ehe
opferte dir dein Karl-Heinz.«

Nun merkt auf. An dieser Stelle
wird aus der Geschichte jäh
eine Frauengleichberechti-
gungsmotivtragödie!

Rita nämlich war ein Mädchen
voller Bildung und Musik.
»Tut mir leid, Karl-Heinz, mein Guter:
Du bist nicht mein großes Glück!

Ja, das Kind, das ich erwarte,
wollte ich von Anfang an.
Doch mit Kind und Violine
brauch ich nicht auch noch 'nen Mann!«

»Wie? Ein Kind von meinem Blute?
Einen kleinen Spediteur?«
Aber Rita schlägt die Tür zu.
Nur bezahlen dürfe er.

Aus dem Fenster sich zu stürzen
rang Karl-Heinz mit dem Entschluss.
Was sind das für finstre Zeiten,
wo ein Mann so leiden muss?

Wo du deinen Samen spenden
darfst der Frau als Lustobjekt,
die am Ende deiner Lenden
Früchte dann vor dir versteckt?

Wo die eigne Frau gerichtlich
deines Schweißes Lohn kassiert
und in deinem Haus ein neuer
Freund sich köstlich amüsiert?

Lebrecht wollt sich erst ermorden.
Fragt ihr, wie's ihm heute geht?
Er ist impotent geworden.
Doch das ist ja nun zu spät!

Liebeslied

Wäre ich ein Regentropfen,
würd ich an Ihr Fenster klopfen.
Draußen würd's in Strömen gießen
und ich würde Sie begrüßen
schüchtern durch Ihr Fensterglas:
Schönes Wetter heute, was?

Wär ein kleiner Vogel ich,
augenblicklich setzt ich mich
auf Ihr linkes Füßchen nieder,
fröhlich zwitschernd immer wieder:
Schöne Füße, zarte, flinke –
ganz besonders dieser linke!

Bin kein Vöglein, bin kein Regen,
schöne Dame; und deswegen
klopf ich an Ihr Fenster nicht.
Hätte Angst, dass es zerbricht.
Auch auf Ihren Fuß mich setzen,
würden Sie wohl nicht sehr schätzen ...

An der Eisbahn

»Halt bitte fest.« Vielleicht war sie vier.
Oder höchstens fünf. Und reichte mir
ihre roten Handschuhe, um sich zu bemühn,
die Bänder der Schlittschuhe fester zu ziehn.

Und ich war hier doch nur hergeraten,
weil mein Kopf wie ein Stein war.
Vom Saufen die Nacht durch. Und vom Verraten
besserer Einsichten. Was bitter und klein war.

»Gib wieder her.« Nicht mal Dankeschön.
Ist schon verschwunden in bunten Gestalten.
Wenigstens ist man noch ausersehn,
einem richtigen Menschen die Handschuh zu halten.

Ein bemerkenswertes Gesicht

Mit einem Ziegelstein
und mit voller Kraft mitten hinein –
oh, wie ich das genösse!
Mir wird bald kalt, bald heiß.
Hast du in deinem Bekanntenkreis
auch so eine blöde Fresse?

Warum hat der Himmel solche Affen,
solche Gesichter, die keine sind –
und dann wieder mich gutes Kind
mit meiner empfindsamen Seele geschaffen?

An die Prophetin Jehovas

Liebe Frau, Sie haben ja so recht.
Unter uns gesagt: Ich bin ein Schwein.
Und ich glaube wohl, dass Gott das Schwein-Sein rächt.
In den Himmel lässt er kein Schwein rein.

Dass die Welt bald untergeht,
wie Sie sagen, halt ich für 'n Gerücht.
Erstens wär das sowieso schon viel zu spät,
zweitens find ich übrigens: Es lohnt sich nicht.

Sehn Sie mal: Wär ich der liebe Gott
oder Herr Jehova oder so,
tränk ich Aufgesetzten und Rumpott.
Mich als Gott an Leuten ärgern? Aber wo!

Hat man Gottsein als Beruf, ist alles klar.
Menschenskind, da fühlt man sich so gut,
dass man aus zwei Päpsten sich ein paar
Eierwärmer machen könnte –
und es doch nicht tut!

Trotzdem dank ich Ihnen aber sehr,
dass Sie meine Seele interessiert.
Ja, den lieben Gott anpreisen, das ist schwer,
weil er selbst anscheinend keinen Finger rührt.

Liebe Frau, als echter Höllensohn
werd ich schreien bald in Qual und Ewigkeit.
Darum: Schluss jetzt! Sie verstehen schon:
Ich muss geizig sein mit meiner Zeit!

Das Bildnis vom Herrn Zech

Herr Zech hängt im Foyer.
Er lächelt so mild und so weh.
Er sitzt auf einem Hohen Stuhl
und hat ein festliches Gefuhl,
wie es niemand sonst hier empfindet:
denn Herr Zech hat die Firma gegründet.

Sein Blick so mild und blau
ruht auf der Reinmachefrau,
die schrubbend übern Marmor fährt,
den großen Hintern ihm zugekehrt.
Doch wie sie auch schrubbt und sich schindet:
Herr Zech hat die Firma gegründet.

Herr Zech in Öl gemalt
hat sich noch selbst bezahlt.
Und damals prangte linkerseits
ihm am Revers ein Hakenkreuz,
wo sich heut nur ein Fleck noch befindet.
Denn Herr Zech hat die Firma gegründet.

Nur manchmal nachts scheint frech
der Mond ins Foyer auf Herrn Zech
und spricht zu ihm höhnisch und keck:
»Was haben Sie denn da für 'nen Fleck?«
Was Herr Zech ganz unpassend findet.
Er hat doch die Firma gegründet!

Die Bergfee

Vielleicht bist du jetzt eingeschneit
bei Innsbruck auf der Höh.
Es ändert viel sich mit der Zeit.
Und Innsbruck liegt so weit, so weit!
O weh!

Vielleicht bist du jetzt schrecklich dünn,
verhungert halb und schwach.
Weil ich, du meine Königin,
ja auch nicht mehr derselbe bin.
Und ach!

Du liebes, gutes, schweres Kind,
du Nilpferd von den Almen!
Ich weine mir die Augen blind.
Dass ich dich nirgends wiederfind,
will mir das Herz zermalmen.

War das ein Augenblick der Lust,
als du mich zärtlich packtest
und mir an deiner Tirolerbrust
das Schlüsselbein zerknacktest.

Ich wusste wohl, dass Engel rund
und pummelig und nackt sind.
Doch Engel von zweihundert Pfund,
die wie der Teufel kerngesund
kraftstrotzend und kompakt sind?

O schweres Mädchen, Donnermaid,
o Elefant mit Flügeln.
Wie brauch ich deine Zärtlichkeit!
Wär ich doch mit dir eingeschneit
auf deinen Alpenhügeln!

Frage an den Kesselkogel (3001 m)

Sehr geehrter Kesselkogel,
habe ich nicht einen Vogel,
dass ich hier am Schreibtisch sitze,
Akten türme, die nichts nütze,
Stunden zähl und Bleistift spitze?

Hoher Herr vom Rosengarten,
ach, wie lang muss ich noch warten
ehe ich dich wiedersehe
und, indem ich auf dir stehe,
glücklich in die Gegend spähe?

Steiler Fels, du kennst die Welt nicht!
Warum bin ich denn ein Held nicht,
der die Akten feuertötet,
seinen Feinden eins verlötet,
ins Gebirge flieht und betet?

Habe ich nicht einen Vogel,
heißgeliebter Kesselkogel?

Herr S. auf Tagesklau

Manchmal geht Herr S. auf Tagesklau.
Wenn Herr Z. nicht hinsieht, schnappt er schlau
ein Stück Vormittag ihm weg.
Im schlimmsten Fall
einen ganzen Leistungsintervall –
um sich aus den so erschlichnen Stücken
einen vollen Tag zusammenzuflicken.

Den verjuxt er dann mit Leuten
oder Phantasien, die gleichfalls nichts bedeuten.
Schlägt jedoch beschämt die Augen nieder,
nickt verständnisvoll und seufzt dabei,
wenn Herr Z. fragt, *wo schon wieder
seine Zeit geblieben sei!*

Ich möchte gern ein Igel sein

Ich möchte gern ein Igel sein.
Dann hieße es von mir:
Er ist ein widerborstiges,
ein stacheliges Tier.

Er richtet seine Pfeile auf,
lässt sich auf gar nichts ein.
Und wer ihn etwa fressen will,
reißt sich 'nen Stachel rein.

Ein radikaler Pazifist,
ein sonderbarer Mann:
so spitz und scharf er stechen mag:
greift nie als Erster an.

Die jungen Hunde kläfften dann
beständig um mich her:
»Kein Fortschritt wäre auf der Welt,
wenn jeder wär wie der!

Er geht nach seinen Mäusen nur,
er kämpft nicht, er ist faul!
Wau! Wau!« Zerrissen sich an mir
das progressive Maul.

Notabene:
Wenn alle Tiere Igel wärn
und nur die Hunde Mäuse –
schön stachelig wär's auf der Welt
und rücksichtsvoll und leise.

Katze und Maus

Oft möchte man über sich selbst hinaus
seine Ohnmacht und Angst vergessen.
»Ha!«, rief die Maus,
»ich könnt 'ne Katze fressen!«

»Es zeigen die wehrlosen Opfer oft Mut
von achtunggebietendem Ausmaß.
Eine mutige Maus schmeckt doppelt so gut«,
sprach die Katze, wobei sie sie auffraß.

Letzte Ölung

Wichtig ist bei einem Attentat
oder überhaupt bei Explosionen,
dass man einen Pfarrer greifbar hat,
Tote gegen Schaden zu verschonen.

Manchmal explodieren Limousinen
mit drei höchsten Staatsbeamten drin
(wie ich neulich einmal las). Es war von ihnen
ziemlich alles Körperliche hin.

Aber Gott sei Dank war auch ein Diener
Gottes da. Inmitten dem Geschrei,
wie mit Vorbedacht gesandt erschien er,
denn er hatte etwas Öl dabei.

Und sogleich, auf dass sich Gott erbarme
der drei unbrauchbaren Leiber Seelen,
fing er an, *fünf* separate Arme
in dem Rauch und Qualm und Blech zu ölen.

Denn er wusste, dass im schlimmsten Falle
bei *drei* Armen *eine* Seele fehlt,
ja bei *vieren* noch. Doch immer hat man alle,
wenn man mindestens *fünf* Arme ölt.

Haltet an euch, die ihr dieses höret,
und bedenket: Welch ein Gottesmann,
der in solchem Chaos sich bewährt,
weil er glaubt und weil er rechnen kann.

Übrigens: Da kommt mir die Idee,
dass man für Verkehrsunfälle
Geistlichen ein »Letzte-Ölung-Spray«
zur Verfügung stelle,
um den Unfallort vollkommen einzusprayn.

Doch da gibt es sicher das Problem,
ob der Himmel solch ein »Sakrament
aus der Dose« anerkennt.

Oktoberlied

Schwarzbraun ist die Haselnuss.
Aber ich bin blau.
Krieg ich nicht noch einen Kuss,
schöne blonde Frau?

Leihst du nicht noch – hoppla – mir,
leihst du mir dein Ohr?
Sag mal, wo ist denn mein Bier?
Rind?
Ach so, es rinnt an dir.
Ja, das kommt mal vor.

Ich bin klein,
mein Herz ist rein.
Ich will noch einen Kümmel.
Schenkst du mir keinen Kümmel ein,
dann fällt für mich der Hümmel ein
mit Pauken und Gebimmel.

Geliebte, ich versteh dich nicht,
denn du – hick, hick –, denn du liebst mich.
Ich aber kann dir nicht verzeihn:
Du liebst ein stinkbesoffnes Schwein
vom langen Stehen sauer.

Schwarzbraun ist des Himmels Bläue
und den Muskateller Wein,
eh man gießt ihn vor die Säue,
gieß ich in mich selbst ihn rein.

Und steigt das Laub an Nebeltagen ...
Wir wollen das mal so rum sagen:
Es steht ja jedem offen,
die grauen Tage zu ertragen –
besoffen, ja besoffen.

Die Virtuosin vom Montparnasse

Manchmal denk ich mit Entsetzen,
komm ich in den Himmel rein,
flöten da, mich zu ergötzen,
Engelein auf den Schalmein.

Lieber Gott, tu dies vermeiden,
da ich solches nicht aushalte.
Viel, viel lieber möcht ich leiden,
weißt doch: aus Cluny die Alte.

Die am Saint Michel vor Leuten
Schubertfranzl wüst verhunzt,
säbelnd sägend auf den Saiten,
wutzerfressen, blass vor Kunst.

Lässt sie ihre Fidel schweigen,
starrt sie bös ins Publikum.
Und ihr Alter geht fürs Geigen
grinsend mit der Mütze rum.

Leider war ich nicht bei Kasse
und auch geizig obendrein.
Aber lieber Gott, komm, lasse
dieses Weib in' Himmel rein.

Schubertfranzl, ich und du,
sitzen da. Sie geigt uns was.
Kaffeetrinkend hörn wir zu.
Selig – wie am Montparnasse.

Ist Abendmahl heute!

Papst Paul der 12. war mal wieder groß da!
Achtung: eine neue Enzyklika:
»Bei Höllenstrafen: Niemals vergessen:
Wir wollen unsern Christus persönlich essen.
Nicht irgendwie nur anstatt und symbolisch!
Wir essen sein Fleisch, und nur das ist katholisch.
Bitteschön: Hier der Wein ist sein Blut!
Nicht dass ihr das Bluttrinken nur so tut!
Es *ist* sein Blut und das schluckt ihr jetzt mutig.
Schön den Bart abwischen. Der ist ja ganz blutig.
Und dazu sein Fleisch, ungekocht und roh!
Das Brot *ist* sein Fleisch, es tut nicht nur so!
Wie soll ich es denn nun noch deutlicher sagen!
Die Liebe zum Herrn geht direkt durch den Magen.
Wir essen dich auf, mit Haaren und Haut!
Sechs Stunden später ist der Herr schon verdaut!«

Jawoll, alter Paule, so muss man es machen.
Voll genug ist die Welt von halbgaren Sachen.
Da hört man von den evangelischen Leuten:
Das Brot soll ja seinen Leib nur *bedeuten*.
Und *bedeuten* soll das Blut nur der Wein!
Na, da kann ja jeder Menschenfresser sein.
Nee! Wenn schon, dann richtig und nicht sich verstecken!
Ist Abendmahl heute! Haut rein! Lasst's euch schmecken!

Beiß doch dem Psychiater mal ein Ohr ab

Ich glaub, mit mir da stimmt was nicht.
Ich bin zum Beispiel nicht ganz dicht.
Was mich jedoch nicht stört.

Und dass ich manchmal in Geduld
mir sage: ich bin selber schuld,
das ist bestimmt verkehrt.

Der dümmste Fritz kann heut verstehn,
man muss das alles kritisch sehn,
um progressiv zu sein.

Doch wenn man wirklich kritisch ist
und ihnen in die Suppe pisst,
dann schäumen sie und schrein.

Wenn ich ein Mädchen lieben darf,
bin ich schon auf das nächste scharf
und seinen Erdbeermund.

Ich leb nur einmal, denke ich.
Die bessern Menschen ekeln sich:
Igitt, ist der gesund!

Der eine tritt den anderen,
aus Tretern und Getretenen
dies Wundertal besteht.

Das Tretespiel, ich spiel es mit.
Es wisse jeder, der mich tritt,
dass ich gut wiedertret.

Ich lieb die Faulheit allemal.
Sagt ihr nur: das ist unsozial.
Ich drück mich, weil das übt.

Bevor ich zum Psychiater geh,
ich staune und mich wundere,
dass mich Aas einer liebt.

Es kommt der Tag, wo jedermann
gerecht ist, sagt ihr, Mann o Mann:
ob ihr das wirklich glaubt?

Der Mensch, der ist ein böses Vieh,
ich lieb ihn trotzdem irgendwie.
Das heißt: wenn ihr erlaubt!

Beiß doch dem Psychiater mal ein Ohr ab!
Und wenn er schreit:
Das geht zu weit!
Dann sagst du einfach: Tut mir leid.
Was kann denn ich dafür,
dass ich so viel Humor hab!

Eigentlich

Eigentlich – sprach der Ehemann –
weiß ich, dass ich mich
nicht in jedes Bett mehr legen kann.
Eigentlich.

Eigentlich – sprach der General –
hasse ich den Krieg.
Blut ist schwer ersetzbares Material.
Eigentlich.

Eigentlich – sprach der Kommunist –
da befürchte ich,
dass der Mensch so ideal nicht ist.
Eigentlich.

Eigentlich – sprach der Aktionär –
gut verstehe ich
auch den letzten Hafenarbeiter.
Eigentlich.

Eigentlich – sagt selbst der Despot –
Macht macht unglücklich.
Nirgends ist man mächtig vor dem Tod.
Eigentlich.

Eigentlich sind wir alle nur
gut und großmütig.
Doch vor allem sind wir von Natur –
eigentlich.

Herr S. und das Geheimnis

Im Übrigen besitzt Herr S.
ein konsequent gehütetes
Geheimnis.

Von diesem wissen alle bloß,
dass sie nicht wissen, ob es groß
oder nur klein ist.

Herr S. verheimlicht aller Welt,
wer dies Geheimnis ihm erzählt,
falls überhaupt!

So dass so mancher Zweifler, *dass*
Herr S. ein solches je besaß,
schon nicht mehr glaubt.

Herr S. geht darauf gar nicht ein.
Er hütet, ob er sich geheim
auf etwas einließ.

Wenn also, dann besitzt Herr S.
ein *konsequent* gehütetes
Geheimnis.

Im Zug

Wohin ich fahre, bist auch du.
Mein Zug fährt neun Uhr dreißig.
Muss ich auch weiter immerzu,
mein Herz hat Ruh, mein Herz hat Ruh:
dass du mich liebst, das weiß ich.

Ein Mädchen habe ich erblickt
vom Zug aus auf der Heide.
Dem warf ich Küsse zu entzückt.
Ich bin verrückt, ich bin verrückt,
ich bin verrückt vor Freude.

Der Mond, der guckt so säuerlich,
so bleich und krank wie immer.
Oh, meine Freundin, hörst du mich?
Ich liebe dich! Ich liebe dich!
Und das wird immer schlimmer!

Herr S. und die Kirchensteuer

Herr S. pflegt sich in Gottesfragen
sehr unvernünftig zu betragen.
Er sieht zum Beispiel hocherfreut:
Kein Denkender ist mehr bereit,
der Kirche Steuern zu entrichten,
um Gott zur Nachsicht zu verpflichten,
denn – so denkt der, der denken kann –
Gott kommt es nicht auf Steuern an.

Herr S. jedoch, da er gelernt,
Gott sei unendlich weit entfernt
von unsrer Weisheit – überhaupt
vollkommen anders als man glaubt,
denkt also grade umgekehrt:
Gott legt auf Steuern größten Wert
und sieht mit göttlichem Ergrimmen,
dass seine Kohlen nicht mehr stimmen.

Drum zahlt Herr S. und denkt sich: Fein,
bald zahl nur ich noch, ich allein.
Mensch, Gott! kannst du mir dankbar sein!

Das Lied vom höheren Wesen

»Sie schlagen doch auch mal 'ne Mücke tot
und denken sich überhaupt nichts dabei.
Nur bei Tierversuchen sehen alle gleich rot
und dann gibt es ein großes Geschrei.
Das Thema ist doch rein emotional
viel zu aufgeheizt, alles nur Hysterie.
Das Tier und seine sogenannte Qual.
Und der Nutzen für den Menschen?
Daran denken Sie nie!
Die Forschung muss ihre Aufgabe lösen!«,
sagt Dr. Bernd Graumann vom Institut.
»Wir verstehen das Mitleid der Leute ja gut.
Aber wir sind doch alles Erwachsene hier.
So ein Tier ist doch weiter nichts als ein Tier!
Und der Mensch – ist ein Mensch.
Und als solcher ein höheres Wesen!«

»Delfine zum Beispiel setzt man auch viel
wie Torpedos ein. Man verwendet sie gern.
Geräuschlos schwimmen sie unter das Ziel.
Ihre Bombe? Ja, die zünden wir fern.
Delfin-Selbstmordangriff wird oft trainiert.
Wir prüfen den Radar-Ausfall dabei.
Und ob die Fernzündung funktioniert.
Die Delfine? Ja, die züchten wir neu.
Kluge Tiere, die können ja beinahe lesen.
Sie sterben für Freiheit und Sicherheit.
Delfin tut Ihnen doch auch in der
Pfanne nicht leid.
Meine Herren, um was geht es denn

schließlich hier!
So ein Tier ist doch weiter nichts als ein Tier.
Und der Mensch – ist ein Mensch.
Und als solcher ein höheres Wesen!«

Ihr hörtet des Heiligen Vaters Wort:
»Siehe, eine Seele hat auch das Tier.«
Also steigt auch das Tier auf
zum Himmlischen Ort.
Und wir – wir begegnen ihm hier.
O Mann, das dürfte nicht angenehm sein
auf himmlischen Wolken und Matten.
Es werden die Hühner uns nichts verzeihn.
Und die Meerschweinchen nicht und die Ratten.
Ihr letztes Röcheln war für sie ein Erlösen.
Ihr habt Kreaturen mit Seelen gequält.
Oder ob ihre Seele wieder weniger zählt?
Wollt ihr am Ende behaupten auch hier:
So ein Tier ist doch weiter nichts als ein Tier
und der Mensch – ist ein Mensch
und als solcher ein höheres Wesen?

Wenn der Mond durch die Gardine mein

Wenn der Mond durch die Gardine mein
seine blasse Beleuchtung entsendet,
fällt mir immer wieder Margarete ein
und wie unsre Liebe wohl mal endet.

Denn der Mond war damals auch dabei.
Richtig wie das ist beim Abschiednehmen.
Und dass er im Übrigen ihr Zeuge sei,
sagte sie – und alles unter Tränen.

Schenkte mir auch – ach, wie groß war das! –
alles, was sie noch besaß:
einen Apfel. Und den dürfe ich nicht essen,
außer, wenn ich sie dereinst vergessen.

Und der Apfel, der ist klein. So klein.
Und der Mond hat längst die Schnauze voll.
Und will nirgends Zeuge nie mehr sein.
Und ich weiß nicht, was ich denken soll:

Denn ein Eigenheim und Frau und Kind sind mein.
Doch wenn manchmal nachts der Mond den Mondenschein
blass durch die Gardine sendet,
fällt mir immer wieder Margarete ein
und wie unsre Liebe wohl mal endet.

Zwischen 6 und 7

Ehe das Büro beginnt,
fahr ich dienstags immer
früh um sechs zu Annekind,
Annekind aufs Zimmer.

Ach, ihr Bett ist noch schön warm.
Und sie schnurrt wie 'n Kätzchen.
Lieb mich, Hans, in deinem Arm.
Guten Morgen, Schätzchen.

So verträumt ist Anne noch,
gähnt, wenn wir uns lieben,
lieben bis der Kaffee kocht
gegen zehn vor sieben.

Aufstehn, Liebster, ruft sie, Schluss!
Spielt: Zehn-Jahre-Ehe
bis zum Ehe-Abschieds-Kuss,
wenn ich halbacht gehe.

Acht Uhr ruf ich Eva an.
(Anruf kann nicht schaden.)
»Gut so«, sagt sie, »lieber Mann:
dienstags morgens baden.«

Ja, ich hab die Wahrheit schlau
vor der Frau verborgen.
(Wer betrügt auch seine Frau
schon so früh am Morgen?)

Die kleine Meerjungfrau

Ich weiß nicht, was es bedeuten soll:
auf die Ostsee blick ich so hin,
da kommt mir das traurige Märchen
von der Seejungfrau in den Sinn.

Eine kleine Meeresjungfrau,
als sie war fünfzehn Jahr,
zum ersten Mal im Leben
die Welt überm Wasser sah.

Doch kaum an der Oberfläche,
erblickte die Jungfrau auch schon
auf prachtvollem Segelschiffe
ausgerechnet des Königs Sohn.

Dann kam ein Orkan – entsetzlich!
Und des Königs Sohn ertrank.
Doch nein! Es rettet rechtzeitig
die Jungfrau ihn. Gott sei Dank!

Sie küsst den Bewusstlosen flüchtig
und legt ihn hin auf den Strand –
eh sie mit Tränen der Liebe
zum Grund des Meeres entschwand.

Voll Trauer und Liebessehnsucht
seufzte die Jungfrau im Meer:
Ach, wenn ich ein ganzes Mädchen
und nicht nur ein halbes wär!

So schwamm sie zur Meereshexe,
fleht stundenlang sie an:
Mach, dass ich auf zwei Beinen
dem Prinzen begegnen kann.

Aber gerne, lachte die Hexe:
Deinen Fischschwanz ich aboperier!
Ich geb dir zwei schöne Beine.
Doch ich nehm deine Zunge dafür!

Und wisse, sagte die Hexe,
wenn der Prinz eine andere nimmt,
so ist dir zur selbigen Stunde
ein qualvoller Tod bestimmt!

Ich will es!, sagte die Jungfrau.
Die Liebe ist jeden Preis wert!
Bin ich stumm, so muss es genügen,
dass der Prinz mein Herz schlagen hört!

Das konnte natürlich nicht gut gehen.
Der Prinz fand die Jungfrau zwar schön.
Doch das Herz einer stummen Jungfrau –
welcher Mann könnte das schon verstehn?

So nahm sich der Prinz eine andre.
Zum Tod stand die Jungfrau bereit.
Da bot ihr noch einmal die Hexe
eine letzte Gelegenheit:

Ich geb dir zurück deinen Fischschwanz
und die Zunge, die du verlorst,
wenn du heut Nacht noch dem Prinzen
das Herz mit dem Messer durchbohrst.

Mehr brauch ich wohl kaum zu erzählen.
Ich wünschte, sie hätt es getan.
Doch das weiß schließlich jeder,
dass die Liebe nicht grausam sein kann.

Sie hatte sich lassen verstümmeln
und schneiden die Zunge heraus.
Er hat überhaupt nichts begriffen.
So geht die Geschichte aus.

Das unverwüstliche Verbot

Wenn das Verbieten verboten wäre,
wäre nicht, wie ihr wohl glaubt,
alles erlaubt.
Denn dem Verbot widerführe die Ehre,
dass das Verbieten verboten wäre.
Es freut sich mit Recht das Verbot:
Ihr kriegt mich nicht tot.

Montagsgedicht

Sonne, du verschwendest nur
all dein goldnes Licht.
Alle Wesen der Natur:
ach, ich mag euch nicht!

Irgendwo: ein Hase springt
lustig übers Feld ...
Aber ich? Nach Akten stinkt
weit und breit die Welt.

Blauer Himmel, warum blau?
Bäume, warum grün?
Frauenberger, diese Sau –
ich ermorde ihn!

Ich ermorde, sag ich dir,
circa neun bis zehn!
Sonne, Himmel, Waldgetier,
mag euch nicht mehr sehn.

Scheint nur, grünt nur, noch und noch,
hoppelt nur und blüht!
Ohne mich habt ihr ja doch
keinen, der euch sieht.

Herr S. über Abhöraffären

Herr S. muss von Herrn Z. nun hören,
es täten sich die Fälle mehren,
wo Schufte, nur um abzuhören,
was andre sprechen, fähig wären,
in deren Telefone, Wände,
Gebisse, Schränke, Shakespeare-Bände,
sogar – mein Gott! – in deren Frauen
Kleinstmikrofone einzubauen.
Nie weiß man, sagt Herr Z. empört,
wenn man was sagt, wer's heimlich hört!

Herr S. jedoch begeistert sich:
Wer sagt denn: Keiner hört auf mich?

Der Sperling in der Hand

Ein Sperling in der Hand,
dem das Herz fast stille stand
vor Schreck, enthielt sich dennoch nicht, zu schwatzen
irgendwas wie »Aberglaube«
und »viel besser eine Taube
in der Hand als einen Spatzen«.

Herr S. und das saubere Sein

Herr Z. liebt alles Wahre, Schöne.
Er kämpft zum Beispiel für Hygiene.
Was rosig ist und frisch poliert ist,
was keimfrei ist, deodoriert ist,
was blitzt und glänzt und strahlt und lacht,
das ist's, was ihn erschauern macht.
Staubsauger sind ihm Sakramente,
davor er niederknien könnte.
Und, ruft er, Freiheit, ich begreife
dich als ein Resultat von – Seife.
Das reine Sein scheint ihm allein
das wirklich saubre Sein zu sein.

Herr S., wenn er Herrn Z. so reden hört,
fühlt sich so wonneschmerzensvoll bekehrt,
und eh Herr Z. zu preisen noch fortfährt
der Reinheit Lust und der Gesundheit Süße,
schleicht er verstört hinaus
und wäscht sich
seine Füße.

Konferenznotizen

Die progressive Rationalisierung
ist, wie gesagt, ganz deutlich progressiv.
Jedoch geschieht die Distributionierung
in jedem zweiten Fall distributiv.

Der Mann da vorn ist meine Firmenspitze,
frisch teneriffasonnenbraungebrannt.
Dass ich dem Boss hier gegenübersitze,
mein liebes Kind, bedeutet allerhand.

Du denkst vielleicht, ich könnte an dich denken
und wie wir gestern zärtlich uns und eng...
doch muss ich die Gedanken stark beschränken,
der Kerl da vorn sieht alles, was ich denk.

Ja, wer nicht schwimmt, Geliebte, der wird untergehen.
Zuletzt zu lachen, ist oft viel zu spät.
Wie schön ist es, kann einer Spaß verstehen,
doch wehe dem, der keinen Ernst versteht.

Keramik

Welch Erlebnis. Einen Topf zu bauen.
Meine Frau macht einen Topf aus Ton.
Etwas wird. Aufregend, zuzuschauen.
Was nie war: auf einmal ist es schon.
Wird schnell hier und da noch korrigiert.
Steht, ist rund, hat Henkel und gefällt.
Seine Töpferin, noch selber staunend, spürt:
Sie war nicht umsonst auf dieser Welt!

Lob der Arbeit

Fleißig, friedlich,
unermüdlich,
emsig, emsig schafft die Welt.
Das bewegt sich,
rührt sich, regt sich,
wie's dem lieben Gott gefällt.

Flinke Bienen,
Mischmaschinen
brummen brav ihr Arbeitslied;
alles dreht sich,
blind versteht sich
Zahnradzahn mit Kettenglied.

Kessel dampfen,
Kolben stampfen,
Umlaufkühler kühlt und klärt.
Der Ventile
Flötenspiele –
muntres Produktionskonzert.

Wie? Ein Händchen
Kieselsändchen
ins Ventil und Klappe zu?
Ei, bezähm dich,
Teufel, schäm dich,
böser, destruktiver, du!

Herr S. und der Stress

Inmitten einer blinden Eile
befiehlt Herr S. sich, still zu stehn,
die Zeit abschmeckend eine Weile,
so kurz nach Christus um halb zehn.

Dem Augenblick schon, dem abstrakten,
vermählt, schreit ihn Herr Z. an: »S.!
Der Zug! Das Geld! Der Pass! Die Akten!
Verträum dich nicht. Du bist im Stress!«

Meine Kiste

Wenn ich mal brauch eine Schraube,
einen Bolzen, einen Splint oder so:
denk ich immer sofort: Ich glaube,
die find ich in der Kiste irgendwo.

Denn ich hab eine Kiste
mit Sachen – vom Dorn bis zum Keil –,
die stehn auf keiner Liste,
jedes irgendwie brauchbare Teil.

Wenn ich also brauch eine Schraube,
hol ich meine Kiste vom Schrank
und kram in der Kiste und glaube,
ich find was – noch stundenlang.

Zwar finde ich nie, was ich suche –
immer ist was zu groß oder klein –,
doch dass ich die Kiste verfluche,
fällt mir darum noch lange nicht ein.

Denn wenn ich mal brauch eine Schraube,
einen Bolzen oder Splint oder so,
denk ich immer wieder: Ich glaube,
die find ich in der Kiste irgendwo ...

Meine persönliche Wolke

Sie können sagen, dass alles Erfindung sei.
Aber ich schwöre:
Auf einem Berge sitzend sah ich einwandfrei
ringsumher völlige Wolkenleere.

Bis plötzlich drüben, am Teufelshorn,
wie ein Rauch aus keinem Mund
aus der Wolkenleere hinten und vorn
eine Wolke entstund.

Ich denke noch, wie und woher…?
Da sehe ich: eben entstanden,
entsteht sie zurück, ist schon nicht mehr
oder: ist, aber ist abhanden.

Seither ist sie mein. Damit ihr es wisst:
Oft umwölke ich meinen Sinn
mit der Wolke, die ist und abhanden ist,
bis ich selber abhanden bin.

Weihbischof Jaschke

Weihbischof Jaschke steht wieder unter Dampf.
Er kämpft seinen tapferen Glaubenskampf:
Es wollen die Autowaschanlagen
jetzt auch öffnen an Sonn- und an Feiertagen.
Aber Gott sprach zu den Seinigen:
Du sollst deinen Wagen nicht reinigen
am Sonntag, am Sonntag, dem Tag des Herrn,
wo die Waschanlagen nur IHM gehörn.
An Feiertagen, ihr Schufte, ihr Sünder,
wäscht Gott ganz allein seinen Sechszylinder!
Und putzt ihn und wienert ihn wieder auf neu!

Und nur Bischof Jaschke darf ihm helfen dabei.

Triolett

Als mir nichts einfiel, ist mir dies
Gedicht hier eingefallen.
Was, dacht ich bös und grämte gries,
als mir nichts einfiel, *ist* mir dies?
Doch nichts ist nichts, wie sich erwies.
Seht, als das beste noch von allen,
die mir nicht einfieln, ist mir *dies*
Gedicht hier eingefallen.

Idyll im Schlachthof

Ein sympathisches Gesicht.
Frohe Äuglein, freundlich nett.
Blondgelocktes Schwergewicht
aß behaglich sein Kotelett,
trank dazu zwei, drei, vier Helle:

der Schlachtergeselle.

Antlitz voller Geist und Witz.
Urgemütlich, unrasiert.
Blinzelt schnüffelnd durch den Schlitz,
der die Bretterwand halbiert.
Starker Nacken, krummes Bein:

Max, das Schwein.

Nein! Es endet nicht mit Blut.
Denn es war ein Sonderfall.
Der Geselle, friedlich, gut,
gab dem Max im Schweinestall
einen freundschaftlichen Bax:

Hallo, Max!

766667

Herr S., der seine Hosen waschen
wollt lassen, fand in deren Taschen
den Zettel, worauf stand geschrieben:
Tel. sieben-sechs-sechs-sechs-sechs-sieben.

Sich nicht erinnern könnend, wär er
dem Drang erlegen fast, zum Hörer
zu greifen, um zu Takt-Gebühren
den dunklen Code zu dechiffrieren.

Doch kaum ertönt der Dauerton,
besiegt er seine Neugier schon
und legt die Nummern aus der Hose
andächtig in die grüne Dose.

Wenn alle ihn dereinst verlassen,
Gott, Teufel, Frau und Bausparkassen,
wenn sie ihn holen kommen, dann,
wenn nichts mehr hilft, ruft er ihn an,
den einzigen, der ihm geblieben:
Tel. sieben-sechs-sechs-sechs-sechs-sieben.

Vom Sänger mit den Arbeiterliedern

(1976)

Karl Kramer an der Drehbank steht
und täglich hundert Achsen dreht.
Und abends fährt er dann nach Haus
und ruht von seinem Drehen aus.
Und morgen dreht er weiter.
Karl Kramer ist Arbeiter.

Hans Wacker die Gitarre schlägt
und singt gar zornig und bewegt
von Karl, der an der Drehbank steht.
Und jeder, der ihn hört, ruft: Seht,
er singt: so geht's nicht weiter.
Er kämpft für die Arbeiter.

Nach dem Gesang fährt Hans nach Haus
und ruht in seiner Mühle aus,
die er mit Arbeitsliedern hart
ersungen und zusamm'gespart.
Und morgen singt er weiter
vom Elend der Arbeiter.

Ist das nicht eine schöne Zeit?
Es lieben alle die Arbeit.
Der eine sie im Zorn besingt,
der andre kühne Reden schwingt.
Nur Karl hilft das nicht weiter.
Der *ist* ja bloß Arbeiter.

Erinnerung an Berlin

Liebes kleines Fräulein
von der Augsburger Straße.
Weiß nicht, wie ich die Gedanken mein
in Punkt und Komma fasse.

Ich vergesse nie Ihre blassen
Lippen und das Zittern darin,
als Sie fragten, ob ich Lust hätte, Sie unterzufassen
und mitzukommen wohin.

Ich habe gelogen, Fräulein.
Zeit hatte ich genug.
Ich hatte nur, ich hochanständiges Schwein,
keinen Mut.

Nachricht vom Nikolaus

Halleluja! Das hätt ich nicht gedacht:
Ihr habt euch ja immer noch nicht vollständig umgebracht!
Aus Gewohnheit dachte ich: Weihnachtsmann,
flieg mal runter. Sieh dir die Trümmer an.
Menschen werden wohl keine mehr leben,
Bäume und Tiere wird's auch nicht mehr geben,
aber vielleicht... Was seht ihr mich an?
Kennt ihr mich nicht? Ich bin der Weihnachtsmann!
Mein roter Mantel? Wo der ist, wollt ihr wissen?
Sie haben mich doch aus der Stellung rausgeschmissen.
Wisst ihr das nicht? Ja, ja, meine Lieben:
Ihr und ich – wir sind abgeschrieben.
Ihr steht auf der Liste »Erledigte Fälle.
Unrettbar misslungene Schöpfungsmodelle«.
Auf der Vollversammlung der Himmelsbehörde
sprach der Vorstands-Engel zum »Problemfall Erde« –
Ich hab seine Rede mitgeschrieben:

Dass sie ehebrechen, lügen,
saufen – war uns ja bekannt.
Stolz ausschließlich war der Himmel
auf den menschlichen Verstand.

Oft erklärt der Große Vater:
»Seht nur, was sie sich erdacht:
Flöte, Fernrohr, Rad und Hebel.
Hab ich das nicht gut gemacht?«

Als sie die Musik erfanden,
feierte das Himmelshaus.
Als sie seine Bibel druckten,
gab der Herrgott einen aus.

Stolz war er sogar und lachte
über Schach und Reißverschluss.
Selbst noch für die Dampfmaschine
pries er ihren Genius.

Drum: Als die Berichte kamen,
»Ihre Luft verpesten sie,
die sie doch zum Atmen brauchen«,
sprach der Alte: »Glaub ich nie!«

Als man zögernd ihm erzählte,
»Auch das Wasser, hell und klar,
haben sie sich selbst vergiftet«,
rief der Alte: »Ist nicht wahr!«

Als man sprach: »Mit neuen Waffen
töten sie den Feind – und sich
und dazu die ganze Erde!«,
rief er: »Ihr verspottet mich!

Meine Menschen, die mit Geist und
mit Verstand ich ausstaffiert?«
Als er es dann einsehn musste,
war der liebe Gott blamiert.

Und er donnerte: »Vom Bösen,
von der Sünde, die zersetzt,
wollt ich immer sie erlösen,
doch, verdammt, was seh ich jetzt?

Nicht die Sünde, die verboten,
macht, dass ihre Welt versinkt:
Nein, sie sind bloß Idioten,
dass es bis zum Himmel stinkt!!«

Gott vergaß sogleich die Menschheit,
drehte sich nach anderm um.
Nein, ihr seid ihm nicht zu böse,
sondern einfach nur zu dumm.

Soweit der Bericht. Ja, sie haben euch alle zusammen
gelöscht aus ihren Computer-Programmen.
Es gibt euch nicht mehr. Die Himmelsbehörde
projektiert bereits eine bessere Erde.

Sie wollen es noch mal ganz von vorne probieren.
Ihr dürft euch inzwischen herzlich gern massakrieren!

Unrecht und Ehrlich

Unrecht Gut gedeihet nicht.
Ehrlich währt am längsten.
Ehrlich: gutes Unrecht gedeiht am längsten.
Unrecht währet so lange
ehrlich nicht gedeihet.
Das beste Unrecht gedeiht desto länger,
als Ehrlich sich wehrt.
Unehrlich gewährt recht gutes Gedeihen.
Unrecht geht gut und dauert nicht so lange.
Ehrlich währt es jedenfalls am längsten.

Herr S. warnt in einer leidenschaftlichen Ansprache vor den Gefahren des Alkohols

Eines müsst ihr doch zugeben:
Wär es gewesen Gottes Wille,
dass die Menschen im Suff leben,
hätt er uns eben
von vornherein mit soundsoviel Promille
hergestellt oder angefertigt.
Infolge dieser Einsicht werd ich
nüchtern bleiben.
Prost!

Denn nur durch die Schärfe des ungetrübten
Gedankens vor allen Dingen
kann der Mensch die mit Recht so beliebten
geistigen Werke vollbringen.
Zum Beispiel ... Mir fallen grad keine ein.
Sargdeckelfabriken oder Schnapsbrennerein
oder Lokusumrandungen oder Handgranaten.
Infolge dieser Einsicht kann ich jedem nur raten,
nüchtern zu bleiben.
Prost.

Auch aus ästhetischer Erwägung
soll der Mensch oder Invalide mit Holzbein
auf die anmutige Schönheit seiner Bewegung
achten und peinlich stolz sein.
Indem alle lieblichen Gebärden,
aufrechte Ohren und ähnliche Glieder,
unbrauchbar und schlapp werden.

Was also einsehn wir wieder?
Nüchtern bleiben.
Prost!

Und es kommt noch hinzu:
Schnaps erzeugt Wohlbehagen.
Aus Wohlbehagen könntest du
zum Beispiel deinem liebsten Vorgesetzten sagen:
Das größte Arschloch sind Sie noch längst nicht, Herr Klein!
Man schämt sich später jahrelang für solche Schmeichelein.
Oder man schwört aus Wohlbehagen,
in Zukunft dem Alkohol zu entsagen.
Also nüchtern, wenn Sie mich fragen,
bleiben.
Prost.

Und damit will ich zusammenfassen:
Die Welt ist eine Trinkerheilanstalt.
Noch niemand wurde als geheilt entlassen.
Denn nüchtern ist: wer mit den Wölfen lallt.
Wer seine Leber liebt mehr als sein Leben,
ist sowieso besoffen – von Natur.
Und wer sich selbst erkennt, muss einen heben
und fliehn in die Sich-selbst-Entziehungskur.
Also, verliebtes Publikum,
nüchtern bleiben.
Ich fall gleich um.
Prost.

Holzbein Egon

Holzbein Egon wurde ein Kind geboren.
Er stand vor dem Säugling mit roten Ohren.
Er hatte ganz fürchterlich einen im Tee
und sagte, mein Sohn, so wie ich das seh:

Kommst du auf die Erde,
kommt gleich die Behörde.
Dann kommen die Lehrer
und all die Erklärer.
Die Schlauen die Frommen
zu dir alle kommen.
In die Kiste hinein
aber kommst du allein.

Erst liegst du im Leibe
neun Monat dem Weibe.
Dann liegst du im Leben
hauptsächlich daneben.
Zum Schluss liegst du Flasche
dem Staat auf der Tasche.
Der Deckel macht klapp
und schon liegst du im Grab.

Erst darfst du noch hoffen,
dir steht alles offen.
Dann darfst du zum Segen
für andre dich regen.
Dann sollst du dein Denken
sogar noch beschränken.
Ist die Kiste verschraubt,
ist dir alles erlaubt.

Erst hast du ein Kissen,
ein gutes Gewissen.
Dann hast du bald Pläne,
kein Geld und Probleme.
Dann hast du zwei Wagen,
dann hast du's im Magen.
Der Deckel klappt zu
und dann haste Ruh.

Drum lass dich nicht schrecken
mit höheren Zwecken.
Sie singen und sagen
von herrlichen Tagen.
Doch du musst nur denken:
Hab nichts zu verschenken.
In der Kiste, du Schlot,
ärgerst du dich sonst tot!

Neujahrsbedenken

Als das alte Jahr
noch das neue war,
war das alte Jahr,
das schon vorher war,
das alte Jahr.

Aber als nun gar
jenes alte Jahr,
welches vorher war,
noch ein neues war,
war das alte Jahr
noch kein neues Jahr,
sondern gar nicht da.

Aber jenes Jahr,
das nicht da war, war
schließlich da, und zwar
als das neue Jahr,
das nun alt ist. Ja!

Aber eins bleibt wahr:
dass das neue Jahr
mal ein altes Jahr
werden wird und gar
ein sehr altes Jahr,
das schon vorher war,
ja das glaubt man zwar,
weil es stets geschah –
aber Vorsicht da!

Denn kein neues Jahr,
das noch gar nicht war,
ist als Jahr schon da.
Ist das klar?

Prost Neujahr!

Aus dem Nachlass

Herr S. als Leser von Gedichten
liebt es, sich seelisch aufzurichten
an solchen, die unfertig enden –
der Kenner weiß schon: an Fragmenten.

Herr Z. jedoch hasst alle Sachen,
die Menschen nicht zu Ende machen.

Ein noch nicht fertiges Gedicht
gehört auch nicht veröffentlicht;
der unnatürliche Genussschluss
ist Euphorismus interruptus.

Herr S. erklärt Herrn Z. mit Liebe:
dies grade, dass hier
(unvollendet)

Herr S. und der Schluss

Was den Schluss betrifft, so denkt Herr S.:
der ist wenigstens was Sicheres.

Anfang, denkt Herr S., ist niemals MUSS,
aber Nicht-Muss führt mit MUSS zum Schluss.

Und die beste Kunst in allen Sachen
ist die Kunst, rechtzeitig Schluss zu machen.

Auf der Höhe, sagt Herr S., des Kunstgenusses
ist die beste Zeit des guten Schlusses.

Abbruch aber ist nur Schluss, wenn man sich abspricht,
dass man, statt zu schließen, einfach abbr.....